A Ostseebad BOLTENHAGEN VERFÜHRER Z

GESCHICHTE

Impressum

Fotoautoren:
AdventureGolf: 137 b,
Kurverwaltung: 23/24, 78,79, 90, 103, 135, 140, 141,
Ulf-Peter Schwarz: 15, 16 a + b, 17, 20 a + b, 25, 26, 27, 28, 29 a + b,
33 a + b, 34, 37 a + b, 38, 29 a, 40, 41, 42, 43, 57, 65, 66 a + b, 67 a + b,
70, 80 a + b, 81 a, 82 a + b, 86 a + b, 88, 95 a, 96, 118, 120 a, 124,
126 a + b, 127, 128 a + b, 129 a, 130 a + b, 131 a, 132, 133, 138,
Atmos Bio Weine: 84 a + b, BAIS: 52, 53, Buddelschiffmuseum: 30 c,
Café Lindquist: 82 a, Carolinchen: 101 a - c,111, Olaf Claus: 126 c,
Joachim Clausen: 95 b, Kai Dunkelmann, 112, 114, 115, Eisdiele Island: 87,
Peter K. Endres: 72, 73; Ulrich Fasse: 4a + b, 32,
Gutshaus Stellshagen: 56, 57, 144, 145
Archiv Horst Günther: 6 a + b + c, 7 a + b, 8, 9, 10, 11, 18 a + b + c, 19a+b+c,
Hof Hoher Schönberg: 93, Maren Kaschner: 93, Kreisagrarmuseum: 129 b,
Landhaus Klützer Eck: 86 c, Kristine Lenschow: 105, 106, 107, 108, 109
Bettina Löper: 57, Thomas Neuffer: 58, 59; OSSEBO: 54, 55,
PiratenOpenAir-Theater: 68, 69,
Pixabay: 61, Ecki Raff: 19 c, Reiterhof Boltenhagen: 39 b,
Schlossgut Gross Schwansee 87 a, Marco Weiße: 100,
Windstärke 10: 81, Wikipedia: 121 b+c, 122 a+b, 123 a+b,
Yachtwelt Weiße Wiek: 81, 116, 117

Herausgeber:

cw Nordwest Media Verlagsgesellschaft mbH/NWM-Verlag
Am Lustgarten 1 • 23936 Grevesmühlen
Tel.: 03881-2339 • E-Mail: info@nwm-verlag.de
www.nwm-verlag.de

Redaktion: Ulf-Peter Schwarz
Satz/Gestaltung/Druck:
NWM-Verlag

1. Auflage 2024

ISBN: 978-3-946324-76-8

Preis: 7,50 Euro

Inhalt

Blick vom Kurhaus in Richtung Seebrücke

Bäderarchitektur am Kurpark

Willkommen im Ostseebad Boltenhagen

Seien Sie herzlich willkommen im Ostseebad Boltenhagen und lassen Sie sich verführen.

Unser „Verführer“ möge Ihnen helfen, Ihren Urlaub ganz entspannt zu genießen. – alle Infos griffbereit.

Geografisch liegt Boltenhagen mit seinen 2.550 Einwohnern (2022) im Landkreis Nordwestmecklenburg zwischen den Städten Wismar, Lübeck und Grevesmühlen. Der Strand des Ostseebades erstreckt sich auf 5 km, auf 290 m können Sie auf der 1992 erbauten Seebrücke flanieren. Seit 2021 haben die Einwohner und Gäste des Ostseebades auch die Möglichkeit, auf der neuen, 2,2 km langen Dünenpromenade den freien Blick auf das Meer zu genießen, die natürlich barrierefrei ist und ausschließlich Fußgängern vorbehalten ist.

Herz des Ostseebades ist der Kurpark mit Trinkkurhalle, Boltenhagen Shop und Konzertmuschel, wo im Sommer vielfältigen Veranstaltungen stattfinden. Ein Bummel durch die Mittelpromenade mit ihren Geschäften im reizvollen Bäderstil lohnt immer. Ein aktuell und saisonal neu erscheinender Veranstaltungskalender informiert Sie über kulturelle Aktivitäten.

Östlich von Boltenhagen erstreckt sich das Naturschutzgebiet Tarnewitzer Huk wo bis 1945 ein Flugplatz sowie militärische Erprobungsanlagen für Flugzeugbordwaffen (Erprobungsstelle Tarnewitz) existierten. Gleich dahinter finden Sie die Weiße Wiek - ein Besuch lohnt immer!

Redewisch auf der westlichen Seite imponiert mit einer 35 m hohen Steilküste und einen einzigartigen Naturstrand, der bei Fossiliensammlern als Geheimtipp gilt.

Tourist-Info:
April bis Oktober
09.00 Uhr – 17. 00 Uhr
November bis März
10.00 Uhr – 16.00 Uhr
Tel: 038825 - 360-10, -21, -16
info@boltenhagen.de

Wie alles begann …

Von Badekarren und Fischerleben

Bauerfamilie in Tarnewitz um 1900

Ein Blick zurück ...

Das Ostseebad Boltenhagen an der Mecklenburger Bucht ist eines der ältesten deutschen Seebäder an der Ostseeküste.

Boltenhagen wurde als Longa Indago erstmals 1325 urkundlich erwähnt, der Name Boltenhagen erscheint 1336 erstmals auf einer Urkunde. Während der Ort über viele Jahrhunderte ein stilles Leben als Fischerdorf führte, ließ Hans Caspar Julius Victor Graf von Bothmer Anfang des 19. Jahrhunderts die ersten Badekarren an den Strand geschoben. In seinen Badekarren konnten sich Badehungrige neugierigen Blicken entzogen ungestört umziehen und direkt ins Wasser springen.

Und so hatte es angefangen: Die Weltabgeschiedenheit und der steinfreie Strand lockten die Gäste aus der Umgebung an. Sie badeten, spazierten und aßen des Mitgebrachte am Strand, um abends wieder nach Hause zu fahren. Zu gern hätten sie hier übernachtet, aber es gab keine Unterkünfte bei den Bauern. Nachdem sie später in Klütz Übernachtungsmöglichkeite fanden, konnten um 1810 die ersten Gäste auch in Boltenhagen unterkommen. Wenn auch sehr bescheiden, boten jetzt die ersten Bauern Fremden Unterkunft unter ihren Strohdächern. Jetzt hatten die Bauern ein weiteres Standbein entdeckt. Sie vermieteten Badekarren,

Wo heute Strandkörbe einladen, standen um 1850 Badekarren

eine Unterkunft und obendrein fanden sie neue Käufer für Wurst, Käse und andere landwitschaftliche Produkte.
Als im Jahr 1832 in Deutschland die Cholera ausbrach, flüchteten die Menschen aus den großen Städten und fanden im beschaulichen Boltenhagen Ruhe und Erholung, sie erzählten anderen von ihren BoltenhagenUrlauben und brachten weitere Urlaubssuchende mit.
1830 gab es schon 40 Gäste, die länger im Ort blieben und hier auch übernachteten.
Um eine Übersicht über die Gäste des Ortes zu haben, fertigte der Bürgermeister 1934/35 handschriftlich die ersten Fremdenlisten, die er wöchentlich ergänzte. Etwa um diese Zeit erschien die erste Kurzeitung mit den Angaben zu den Gästen - Datenschutz gab es damals natürlich nicht.

Das erste Hotel, „Hotel Baltique", baute Tischler Reese, schezhaft auch „Schloss" genannt. Dieser Bau begründete Neu-Boltenhagen und hatte auf die Architektur nachfolgender Bauten erheblichen Einfluss.
Während ein Bauer 6 – 8 Zimmer unter seinem Strohdach vermieten konnte, hatte das Hotel 2 Etagen übereinander, je 17 Zimmer in der Etage, einen Speisesaal und oftmals auch einen Ball-/Tanzsaal zur Vergnügung am Abend. Kein Wunder, dass rege Bautätigkeit die Folge war. Die Preise in den Bauern-Unterkünten und neuen Hotels unterschieden sich anfangs nicht besonders: Beim Bauern kostete ein Zimmer mit Bretterboden 1 bis 2 Taler, im Hotel Baltique 1 Taler und 16 Schillinge bis 2 Taler und 16 Schillinge. Das änderte sich natürlich mit weiteren Hotels.

Großherzog v. Mecklenburg

Alles zum Wohl der Gäste

Vor 200 Jahren ...

1820 - 1830

Auf dem Gelände der (*an Badegäste d. Red.*) vermietenden Bauern entstanden kleine Strohhütten, die sogenannten „Luftsnappers" oder „LuftSchnappers". Später wurden daraus strohgedeckte Lehmhütten.

1825 – Am 5. Januar sorgt ein Sturm für mehrfache Dünendurchbrüche in Richtung Tarnewitz, infolgedessen kommt es zur Dünenerrichtung und zum Schleusenbau in Tarnewitz.

1825 bekommt Bauer Kegel-Westphal vom Grafen Bothmer einen Badekarren geschenkt, wenig später lässt sich Eck-Westphal ebenfalls einen Badekarren bauen.

1827 – Die Bauern zahlen für die überlassene Fischung in der Ostsee jährlich 20 Reichstaler

1830: Im Ort halten sich 40 Urlaubsgäste auf.

„Luftsnappers"

Vor 100 Jahren ...

1924

Die Chronik vom Ostseebad Boltenhagen von Horst Günther verweist darauf, dass neben Fisch auch das Fleisch von Krähenvögeln auf dem Speisezettel stand, denn es wird über die „Vertilgung" von Krähen gesprochen.

1924 – In der Spielhalle, in und an Geschäften und Gaststätten sowie in Hütten an der Strandpromenade werde Spielautomaten aufgestellt.

1924 – Tarnewitz erhält die Genehmigung für 4 Straßenlaternen

1924 – 1929 entstehen die Geschäftshäuser im Zentrum an der Mittelpromenade

1925 – in Tarnewitz eröffnet die Jugendherberge, 200 Gäste kommen im 1. Jahr

1925 – es erholen sich jährlich ca. 4 - 5.000 Gäste in Boltenhagen

Badekarren am Strand

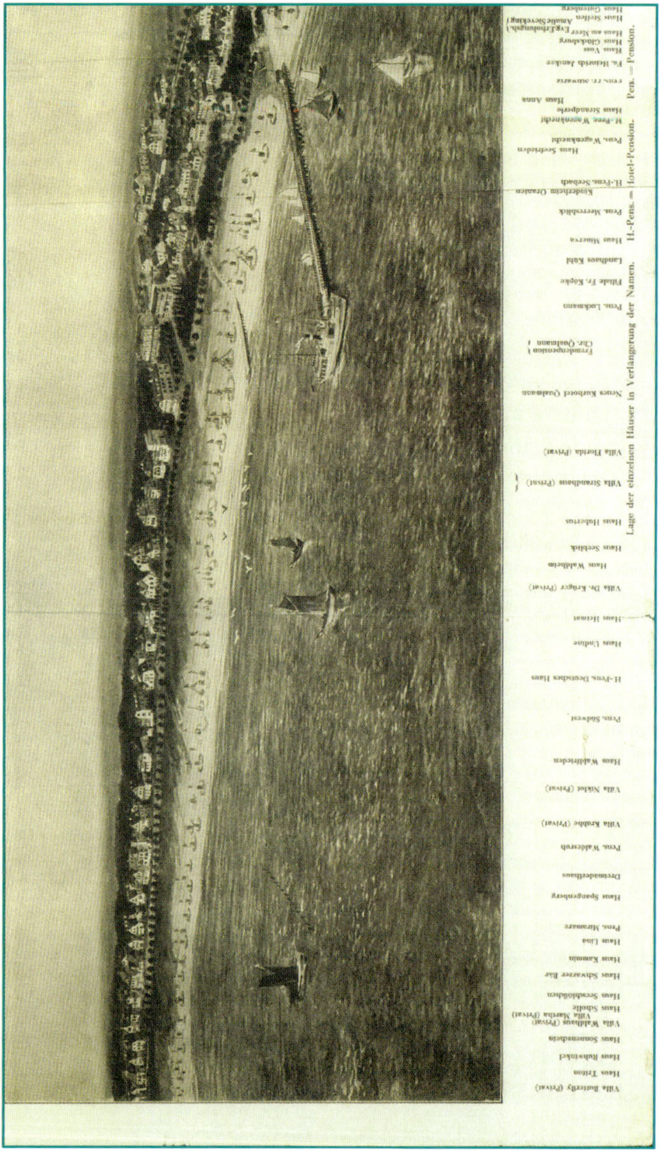
Lage der einzelnen Häuser in Verlängerung der Namen. H.-Pens. = Hotel-Pension. Pens. = Pension.
Villa Butterfly (Privat)
Haus Triton
Haus Sonnenschein
Villa Waldhaus (Privat)
Villa Martha (Privat)
Haus Scholle
Haus Seeschlößchen
Haus Schwarzer Bär
Haus Kammin
Haus Lina
Pens. Miramare
Haus Spangenberg
Dreimäderlhaus
Pens. Waldesruh
Villa Krabbe (Privat)
Villa Niklot (Privat)
Haus Waldfrieden
Pens. Südwest
H.-Pens. Deutsches Haus
Haus Undine
Haus Heimat
Villa Dr. Krüger (Privat)
Haus Waldheim
Haus Seeblick
Haus Hubertus
Villa Strandhaus (Privat)
Villa Florida (Privat)
Neues Kurhotel Qualmann
Fremdenpension (Chr. Qualmann)
Pens. Lackmann
Filiale Fr. Köpke
Landhaus Kahl
Haus Minerva
Pens. Meeresblick
Kinderheim Oranien
H.-Pens. Seebach
Haus Seefrieden
Pens. Wagenknecht
H.-Pens. Wagenknecht
Haus Strandperle
Haus Anna
Fr. Heinrich Jancke
Haus Voss
Haus am Meer Evg.Erholungsh.
Haus Steffen
Amalie Sieveking

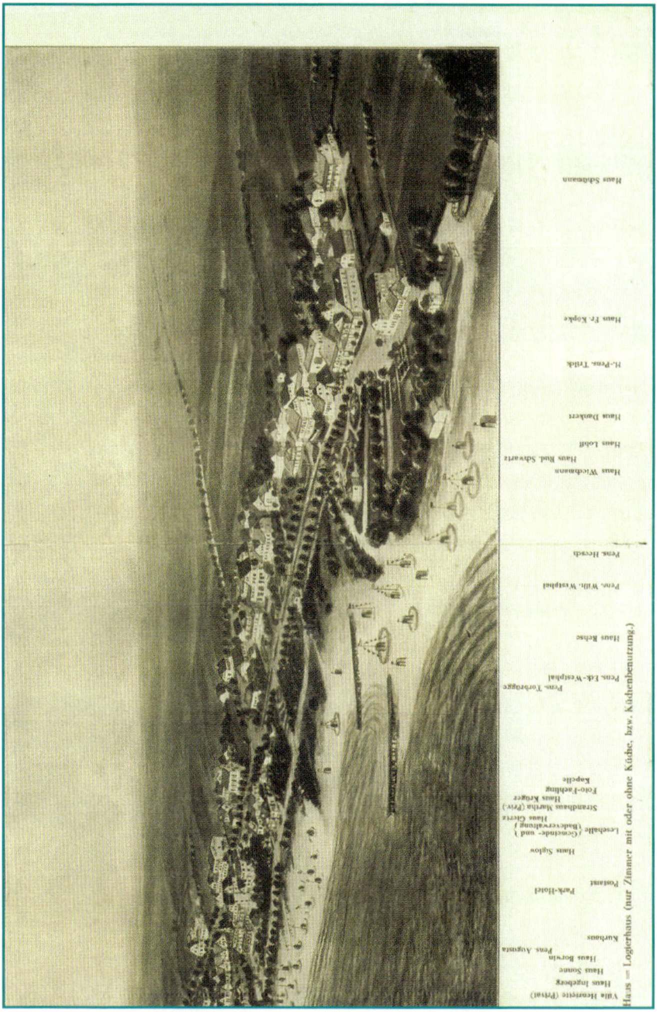

Zeitgenössische Darstellung mit den Hotels und Pensionen und deren Nutzung um 1930 – Fremdenverkehrsführer

Poster, 30 x 80, zum Preis von 19,90 Euro • www.nwm-verlag.de

Was Rudolf Tarnow über Boltenhagen schrieb:
De Spiesung …

Schippskäppen Hauck, dat wir so´n Ollen,
De künn nu mal das Mul nich hollen
Un wir dorbi heil dull beslagen,
Un wer dat wier in Boltenhagen,
Ob Schult Reddöhl, ob Paster Prahl,
Dat wier oll Käppen ganz egal,
Denn he verstünd`t up grow un fien,
Un letzte Wurt wier ümmer sien.

Na, Käppen is tau Kirch mal gahn,
Un Paster Prahl war baben stahn
Un spreckt tau sie Gemeinde runner
Un prädigt von das grote Wunner,
As unser Herr in siene Lew
Fiefdusend Mann tau spiesen gew.

„Und als die Speisung war vorbei,
Erhob das Volk ein groß Geschrei,
Denn von dem Wunder drang gar schnell
Die Kunde durch ganz Israel.
Was aber sollen wir nun denken,
Wenn wir uns in die Schrift versenken?
Zweitausend Fische, Sieb`ntausend Brote,
Dies Wenig stand nur zu Gebote,
Und damit sind fünf Mann gespeist
Mit Weib und Kindern, wie es heißt,
Und ist noch übrig was geblieben, –
So steht es Lucas 6 geschrieben.

So wenig Brot für diese Massen, –
O, Menschenskind, kannst du es fassen?"
Un dorbi kickt oll Passter Prahl
Up sien Gemeindekinner dahl
Un glöwt natürlich stiew un wiß,
Dat jedwerein hier vull von is.
Dit wull nu œwer nich so schienen,
Denn weck dor ünnen würden grienen,
Un gor den olle Käppen Hauck,
De seggt ganz dröög:
„Du, dat kann'ck ok!"

De Paster kickt un denkt in'n Stillen:
Wat mag de dormit sagen willen?
Dat kann he ok? – Wat sall dat heiten?
Will he't all wedder bäter weiten?
Un mi hier einfach ünnerbräken
Un sick mang mien Epistel stäken? –
Doch hülp kein Kieken, hülp kein Sinnen,
He künn dor keinen Klauk in find'n.
He also folgt' de beiden Händ'n
Un bröcht die Predigt rasch tau End'n
Un ded, als wier dor nix passiert,
Doch künn man't marken an sien Amen,
De sak, de harr em doch benahmen.

As he nu ut de Kirch ward gahn,
Süht he den Köster buten stahn.
He winkt em. „Lieber Klickermann,
Sie hörten es gewiß mit an,
Ich konnte es nicht recht verstehn,
Was wollte nur der Kapitän?
Er könnt' es auch? – Was meint' er nur?"

„Jeje, was meint er, Herr Pastur!
Sie wissen doch, er ist ein Slieker,
Ich hab' ihn mächtig auf dem Kieker;

Der legt sich richtig auf das Schulen,
Um unserein was beizuspulen,
Und nichts vor ungut, Herr Psastur
Da kam was in der Predigt vor,
Da haben Sie sich bös versprochen,
und das hat Käppen wieß gekrochen.
Sie sagten staatsch fünttausend Mann
Man bloßen fünf und sagten dann
Sieb'ntausend Brote staatsch der sieben
Und sind da immer beigeblieben;
Ich hab geplinkt von's Örgelkur,
Doch all vergäbens, Herr Pastur."

„Wie ist das möglich", seggt oll Prahl
„Ei, ei! Das ist mir sehr fatal!
Im Eifer ob der Wundertaten
Ist`s durcheinander mir geraten. –
Doch warte, Hauck, ich will dich lehren,
Du sollst noch mal die Predigt hören,
Dich werd' ich strafen für Dein Plappern
Mit Heulen und mit Zähnekplappern!"

Na, is jo gaud. Den Sünndag drup,
Dunn lurt de ganz Gemeind' all up,
Denn dat harr sick all rümmerspraken,
Oll Prahl wull Käppen miesig maken.

Un baben wedder steiht oll Prahl
Un spreckt tau sien Gemeinde dahl
un prädigt von dat sülwig Wunner
un handslagt von de Kanzel runner:
„Und das hat unser Herr getan
So speiste er fünftausend Mann.
mit sieben Broten und zwo Fischen –"
Un will nu Käppen einen wischen
un haugt dorbi up't Bibelbauk:
„So, Käppen Hauck, kannst dit nu ok?"

„Na", seggt oll Hauk un makt sich breit,
„Dat is doch kein Gewaltigkeit!
De sœben Bröd`, de sünd för'n Proppen,
Dormit kann ´ck ehr dat Mul nich stoppen;
Doch weit ick noch ´n aller Flag, –
Von dat, wat ´t vörrig'n Sünndag gäben,
Is dor nich `n bäten œwerbläben?"

Fritz Reuter in Boltenhagen

Reuter-Büste von Heinrich Bodenberger

Fritz Reuter, der als Wegbereiter der Wiederbelebung des Plattdeutschen in der Literatur gilt, war der wohl prominenteste Gast des Ostseebades Mitte des 19. Jahrhunderts.

Vermutlich kam er 1855 das erste Mal hierher, weil seine Frau Luise, geb. Kuntze, die er 1851 geheiratet hatte, aus dem nahegelegenen Roggenstorf stammt.

In diese Zeit seines Schaffens fällt sein Umzug von Treptow nach Stavenhagen und eine sehr schöpferische Schaffensperiode. Es erscheinen seine Büchlein *„Läuschen und Riemels"*, *„Kein Hüsung"* (1958), sein historischer Roman *„Ut de Franzosentied"* (1860) sowie der Gesellschaftsroman *„Ut mine Stromtied"* (1964).

In ihrem Buch „Boltenhagen" berichten die Autoren W. Schünemann und H. Rhein über einen Briefwechsel Reuters, in dem er formuliert: *„… Ich schreibe diesen Brief von Bad Boltenhagen bei Wismar, wohin ich meine Frau … begleitet habe … so habe ich das Vergnügen, ihnen zu melden, daß ich hier ein Leben führe wie die Fliege in der Buttermilch … wie Gott in Frankreich."*

Gewohnt hat er bei Schneider Westphal (Büdnerei 1) und gegessen soll er bei Scharf (Hufe II) haben.

Die Chronik Boltenhagen berichtet: Oft schaute Reuter rauchend aus dem Fenster zu den spielenden Jungen auf der Dorfstraße und rief ihnen zu: *„Jung, kumm rin, sast dichten lihrn."* (Junge, komm rein, sollst dichten lernen). Ob's wohl einer tat?

Erinnerung an Fritz Reuter

Boltenhagen zu DDR-Zeiten

Boltenhagen galt zur DDR-Zeiten als beliebter Erholungsort an der Ostseeküste. Viele Unternehmen bauten sich Feriendomizile, die bei der arbeitenden Bevölkerung in den Betrieben heiß begehrt waren. Dazu gehörten u.a. der VVB Automobilbau Karl-Marx-Stadt (heute Chemnitz), das Wohnungsbaukombinat Halle, das Braunkohlekombinat Welzig, die Landeszeitung Schwerin, Energiekombinate, Möbelfirmen usw.

Der staatliche FDGB-Feriendienst (Freier Deutscher Gewerkschaftsbund) hatte sein erstes FDGB-Heim bereits 1947/48 im Haus „Augusta". Das „erste Urlauberdorf der DDR" entstand Ende der 1950er Jahre, wenig später die erste Großverpflegungsstelle, die am 1. Mai 1960 unter dem Namen FDGB-Erholungsheim Fritz Reuter" eingeweiht wurde.

Mit den Jahren stieg die Zahl der Urlaubssuchenden und mit ihnen entwickelte sich der Markt der Privatvermieter.

Aber die Ostseeküste war auch Sperrgebiet. Tagsüber patrollierten die Grenzer auf dem Plattenweg zwischen Priwall und Travemünde, nachts wanderten die Scheinwerfer der „Grenzbrigade Küste" über die Ostsee, um mutige Republikflüchtige zu erfassen.

Über 70 Menschen bezahlten ihre Flucht über die Ostsee mit dem Leben.

Heute berichten Stelen entlang der Küstenlinie über die Grenzanlagen und viele Schicksale.

Stele in Boltenhagen

Die Seebrücken – Wege aufs Meer

Die erste Seebrücke – damals noch ein Steg – ließ Wichmann bauen, damit die Urlauber der Lustfahrt von Wismar nach Boltenhagen trockenen Fußes an Land kämen. Dieser Steg war in etwa dort, wo die heutige Seebrücke steht.

Konnten die damaligen Dampfer nicht am Steg anlegen, holten die einheimischen Fischer die Landgänger vom Dampfer ab und schipperten sie zum Steg.

In der Folgezeit entstand eine Vielzahl unterschiedlicher Stege in mehr oder weniger rustikaler Bauweise, oft mit einem Badehäuschen am Ende.

Die Herbststürme und das Packeis im Winter zerstörten viele von ihnen, so dass man die Stege zum Herbst abbaute, am Strand lagerte und im Frühjahr wieder neu errichtete.

1911 entstand die erste 300 m lange Holzbrücke, an deren Brückenkopf ein sogenanntes „Brückenhaus" errichtet wurde.

Am „Brückenhaus" erwarb man z. B. Fahrkarten

Von der Brücke aus wurden Lust- und Ausflugsfahrten nach Wismar und Travemünde angeboten. Auch Fischerboote und selbst Kriegsschiffe legten dort an.

Der wohl erste Steg Ende des 19. Jh.

Kriegsschiff an der Brücke um 1930

An den Brückenhäusern konnte man seine Fahrkarte für die Bäderschifffahrt lösen aber problemlos auch eine Fahrkarte nach Paris oder New York. Man stelle sich vor, das wäre heute möglich …

Anfang der 1940er Jahre wurde das Bauwerk durch Packeis teilweise völlig zerstört. Auch Nachfolgebauten hielten oft nicht viele Jahre den Witterungsbedingungen stand.

Die heutige barrierefreie 290 m lange Seebrücke – siehe nächste Seite – wurde 1991/92 errichtet und 1992, also genau vor 30 Jahren eröffnet – und sie steht immer noch …

Zerstörte Brücke 1941 und 1943

Seebrücke 2023 – der Aufgang zur Seebrücke (© Ecki Raff)

Die 290 m lange Seebrücke mit neuem Seebrückenvorplatz 2022

Genial: Über Dünen schweben und freie Sicht auf's Meer haben.

Die neue Dünenpromenade

Erst umstritten, dann begeistert angenommen – die Dünenpromenade.
Die Geschichtsbücher, Chroniken und historische Stiche erinnern noch an das Jahrhunderthochwasser 1872, das große Teile des Ortes überflutete und zerstörte.
Seitdem genießen Hochwasserschutzmaßnahmen einen gnaz anderen Stellenwert. Neuere Hochwasserschutzauflagen erforderten eine Erhöhung der mit Strandhafer bepflanzten Dünen um fast einen Meter. Der freie Blick aufs Meer von der Strandpromenade aus war fortan nicht mehr gegeben.

Seit 2021 lädt nun die 2,2 km lange Dünenpromenade, deren hölzerne Planken parallel zum Ostseesaum verlaufen, zum Flanieren ein. Mit ihr erhält das Erlebnis Ostsee eine ganz neue Dimension.
Während sich Radfahrer fortan auf der windgeschützten Strandpromenade bewegen, ist die neue Dünenpromenade den Fußgängern, Rollstuhlfahrern und Kinderwagen vorbehalten. Auf 18 Zugängen zu erreichen und nachts beleuchtet hat dieses Bauwerk zu einer touristischen Aufwertung des Ostseebades beigetragen.

FAKTEN ZUR DÜNENPROMENADE

- ☞ 2.190 M LANG
- ☞ 3.00 M BREIT
- ☞ IM BEREICH DER BÄNKE 4.00 M BREIT
- ☞ 284 PFÄHLE TRAGEN DIE PROMENADE
- ☞ 18 ÜBERGÄNGE FÜR FUSSGÄNGER, DAVON 3 ÜBERFAHRTEN
- ☞ 9 BARRIEREFREIE AUFGÄNGE
- ☞ 5 HÄUSER FÜR DIE RETTER VON DER DLRG
- ☞ 17 STRANDHÄUSER FÜR DIE STRANDKORBVERMIETUNG

Boltenhagen ...
ein Ort zum Verlieben.

Damals im Badekarren, heute im Strandkorb

Für Geschichtsinteressierte ein Muss. Der Vortag von Joschim Clausen findet mittwochs (ab Juli jeden zweiten Mittwoch) im Festsaal, Klützer Straße 11, statt. Grundlage des Vortrages ist der umfangreiche Fundus des heute 92-jährigen Orstchronisten Horst Günther.

Boltenhagen unterm Sonnenschirm

Mit Joachim Clausen hinter die Fassaden von Häusern schauen und etwas über Land und Leute erfahren

Ein Spaziergang durch das Seeheilbad – Geschichte und Geschichten um und über das Ostseebad Boltenhagen. Eine Ortsführung mit Joachim Clausen.

Mit diesem Slogan bewirbt die Kurverwaltung die Ortsführungen mit dem orts- und geschichtskundigen Einheimischen.

Nachdem der Ortschronist Horst Günther, der sich über viele Jahrzehnte mit der Geschichte des Ostseebades befasste, dies altersbedingt nicht mehr konnte und verstarb, übernahm die Boltenhagenerin Heidi Clausen und später ihr Mann Joachim dieses ehrenvolle Amt.

Immer dienstags um 10 Uhr geht es vom Kurhaus los, erst Ende Oktober ist Schluss. Ganz locker und leger, ohne späteres Abfragen, ob auch ja jeder die geschichtlichen Daten verinnerlicht hat, erfährt der Wanderer so einiges über Land und Leute und was einst in Boltenhagen Ortsgespräch war. Immer mit etwas Humor gewürzt ist der Rundgang wie im Fluge vorbei.

Neben den Wanderungen kann man Joachim Clausen auch buchen für private Rundgänge. Auch Busunternehmen und Hotels freuen sich, wenn Clausen sein historisches und regionales Fachwissen vermittelt.

Datum:
Ab April bis Oktober

Treffpunkt:
Kurhaus, 10.00 Uhr

Teilnahmegebühr:
Erwachsene 8,00 €,
Kinder bis 10 Jahre befreit,
ab 10 Jahre 3,00 €

Das Kurhaus – die 1. Adresse

Hier beginnt der Urlaub

Für fast jeden Besucher des Ostseebades ist das Kurhaus der erste Anlaufpunkt, die 1. Adresse sozusagen.

Im Eingangsbereich finden sich alle Informationen in Form von hunderten Flyern und Informationsschriften, gleich links beantworten die freundlichen MitarbeiterInnen der Touristinformation alle Ihre Fragen. Ein umfangreiches Gastgeberverzeichnis liegt für Sie parat. Rechts finden Sie die Bäderbibliothek, die schon Ihren Urlaubsschmöker zur Ausleihe bereit hält und sollten Sie einmal etwas wirklich ganz Wichtiges loswerden wollen, nimmt sich der Kurdirektor im ersten Obergeschoss Ihrer Sorgen an.

Wenn Sie Fragen und Wünsche zu Ihrem Urlaub, Ihrer Unterkunft und anderen Themen haben, wenden Sie sich bitte zuerst immer an Ihren Vermieter, denn in der Saison „brennt hier die Luft".

Tourist-Info:
Montag bis Sonntag 09:00-17:00 Uhr.
Tel: 038825 - 360-10, -21,
info@boltenhagen.de

Der Kurpark

Herzstück des Kurparks ist die Strandmuschel, die Bühne im Kurpark. Hier locken mehr als 300 Veranstaltungen wie Festivals, Konzerte, Kinderveranstaltungen, Märkte, Führungen, Shows, Vorträge und Feste mit Tradition allljährlich die Einheimischen und Besucher.

Besonders faszinierend sind die lauen Sommernächte, wenn sich abends der Kurpark füllt, rhythmische Klänge, nordischer Jazz oder flippige Musik zum Mittanzen einladen. Dann schlägt der Puls anders.

Die bunte Häuserzeile in der historischen Mittelpromenade entstand vor 100 Jahren. Sie ist das wohl beliebteste Fotomotiv Boltenhagens.

Die Kurmuschel im Kurpark

Veranstaltung im Kurpark

Die Flaniermeilen

Bis vor einem Jahr hatte Boltenhagen eigentlich nur zwei Promenaden. Die Mittelpromenade und die Strandpromenade. Im Jahr 2021 ist die Dünenpromenade hinzugekommen. Jede von ihnen hat ihren eigenen Reiz.

Die **Mittelpromenade** empfängt den Flanierenden mit ihrer über 100-jährigen Bäderarchitektur, vielen kleinen Geschäften und Cafés, kleinen Spielplätzen und der ein oder anderen Attraktion – auch neu: der CAMP DAVID ADVENTURE PARK direkt gegenüber der Camp David Villa, der als liebevoll gestalteter Themenpark als „Spielplatz" für die ganze Familie gestaltet ist. Eröffnung ist im Juli 22 geplant.

Die 3 km lange **Strandpromenade**, die durch ein grünes Band, den Küstenschutzwald, getrennt, parallel zur Mittelpromenade verläuft, ist vier Meter breit. Hier finden Radfahrer und Kinderwagen, Sportler und Wanderer, die es etwas ruhiger bevorzugen, ihre schattige Flaniermeile. Von hier aus sind die Strandaufgänge erreichbar – und natürlich die neue Attraktion, die **Dünenpromenade**.

Die 3 m breite Dünenpromenade aus witterungsbeständigen Hartholzplanken lädt seit Sommer 2021 auf 2,2 km Länge mit freiem Blick aufs Meer zum Flanieren ein. Sie ist barrierefrei – die letzten Aufgänge wurden 2022 errichtet – und den Fußgängern vorbehalten.

Über 18 Zugänge ist die Dünenpromenade erreichbar, fünf DLRG-Stationen, 17 Strandhäuschen für die Strandkorbvermieter und großzügige bequeme Sitzbänke aus Holz werten den Neubau auf.

Die Strandpromenade

Die Mittelpromenade

Die neue Dünenpromenade – Meerblick für alle

In Boltenhagen bitte nicht verpassen!

Die Steilküste in Redewisch

Wer mit offenen Augen durch den Ort geht, der wird so manches interessante Kleinod entdecken.

Manches ist ziemlich groß, oder hoch, wie die **Steilküste in Redewisch,** an ihrer höchsten Stelle misst sie 35 m – Sie müssen nicht hinaufsteigen, sondern können mit der Boltenhagener Bäder-Bahn eine Tour dorthin unternehmen.

Anderes ist ziemlich klein, nämlich versteinerte Fossilien am steinreichen Strand zwischen Redewisch und Steinbeck – ein Geheimtipp bei Fossiliensammlern.

Noch ein Kleinod: An der Ostseeallee 23 finden Sie das kleine private **„Buddelschiffmuseum"** von Jürgen Kubatz. Geöffnet ist hier von Mo. bis Fr. 14 bis 18 Uhr, Sa. und So. 13 bis 18 Uhr.

Wussten Sie eigentlich, wie das kleine Schiff in die Flasche kommt? Schauen Sie dem Künstler über die Schulter und staunen Sie ruhig, wie der Künstler in liebevoller Kleinarbeit diese prächtigen Schiffe durch den engen Flaschenhals in die Flasche bekommt.

Abends am Strand – Bilderbuch-Sonnenuntergang live

Es gibt diese vielen kleinen Glücksmomente im Urlaub. Man hat Zeit, keine Termine aber trotzdem ein Ziel.

Zum Beispiel, wenn der Magen knurrt, dann ist es das **Fischbrötchen,** das verspeist werden möchte. An der Mittelpromenade werden Sie fündig, ob im Biergarten oder als Handbrötchen. Empfehlung: **Fischimbiss an der Steilküste** bei den Fischern Klaus und Kai Dunkelmann.

Diese Glücksmomente gibt es auch **am Strand**: z.B. morgens noch vor Sonnenaufgang, wenn der Ort noch schläft in die kühlen Fluten springen oder eine kleine Jogingeinlage am verwaisten Strand unternehmen.

Abends geht es auch gut: Mit einem Glas Wein dem Sinken der Sonne zusehen, bis der letzte rote Sonnenstrahl vom Meer verschluckt wird wie der Rotwein aus Ihrem Glas.

Sollten Sie direkt im Ort Boltenhagen oder Redewisch urlauben, empfehlen wir einen Besuch der weitläufigen **Weißen Wiek** in Tarnewitz. Neben Lindnerhotel und BEECH-Resort sind der **Yacht- und Fischereihafen** sehenswert. Auch hier gibt es Fischbrötchen, Räucherfisch und beste Lokalitäten. Oder nur ein Glas Aperol Spritz, was heißt hier eigentlich, „nur“ …

Blick auf den Yachthafen und die Hotelanlage

Von der militärischen Erprobungsstelle zum Ferienresort

Bevor an dieser Stelle diese beeindruckende Anlage entstand, war der Munitionsbergungsdienst hier am Werk. Um 1930 hatte man mit der Aufspülung der Halbinsel Tarnewitz begonnen, die im 3. Reich zum Waffen-Erprobungsort wurde. Bis zur Wende blieb sie unter militärischer Nutzung, das Betreten war der Öffentlichkeit untersagt. Dann wurde es zum Naturschutzgebiet und durfte fortan ebenfalls nicht betreten werden.

Aber am Ostende zur Wohlenberger Wiek hin, wühlten sich bald Bagger durch den Sand und es wuchs ein beeindruckendes Ferienresort.

Die „Weiße Wiek" an der Wohlenberger Wiek entstand als Urlaubsdomizil für Segler, Wellnessurlauber und Familien im Ortsteil Tarnewitz.

Ein großer Yachthafen und die angeschlossene hochwertige Gastronomie im Fischereihafen und den Hotels runden das Konzept für den maritimen Wohlfühlurlaub ab. Eine empfehlenswerte Fischgaststätte ist der Fischereihof Kamerun, für Snacks und das Getränk zwischendurch sorgt „Windstärke 10" neben dem Hafenbüro und im Restaurant 1803 im Lindner Hotel gibt es das ganz Besondere.

Kinderspielplätze, Sportplätze, Strandkorbvermieter und

Bootsverleihe, Flaniermeilen vielfältige kulinarische Angebote bieten viele Möglichkeiten der Freizeitgestaltung – langweilen soll sich hier niemand. Darum kümmern sich auch die vielen freundlichen Mitarbeiter der Hotelanlage.

Für Sport, Wellness und Kinderbetreuung ist ebenso gesorgt, wie für die unterschiedlichsten maritimen Urlaubsangeboten

In der Werft Weiße Wiek gibt es mit temperierten Winterlagerhallen und großen Außenflächen einen Full-Service für Skipper und Freizeitkapitäne und deren Boote.

Blick vom Anleger des Fischereihafen auf den Yachthafen

Kinderlachen …
Hier sind wir glücklich.

Abenteuerspielplätze locken

Viel Augenmerk haben die Verantwortlichen stets darauf gelegt, dass sich alle Familienmitglieder im Ostseebad wohl fühlen, die Erwachsenen, die Senioren und natürlich auch die Kinder.

Die Kleinsten erwarten liebevoll gestaltete **Spielplätze** zwischen Mittel und Strandpromenade, mit Rutschen, Schaukeln und Kletterwänden. Mit Eimerchen, Schaufel und Ball bewaffnet kann der Strand erobert werden. Jetzt steht Strandburgen bauen, Muscheln suchen oder Seesterne suchen auf dem Programm.

Im Sommer lockt ein abwechslungsreiches Ferienprogramm, über das Sie die Touristinfo gern informiert.

Die etwas Größeren können sich mit ihren Elltern im **Kletterpark** in Boltenhagen auf 5 Parcours von 1 m über dem Boden bis in 11 m Höhe messen.

Kletterpark Boltenhagen
Ostseeallee 101
23946 Ostseebad Boltenhagen
www. kletterpark-boltenhagen.de

Richtig Action herrscht im **Kinder Motor Land** am Strand der Wohlenberger Wiek in Niendorf (Boltenhagen Richtung Wismar). Hier können die Kids schon ab 7 Jahren mit dem Kleinmotorrad ihre Runden drehen, das Quad dürfen schon 5-jährige besteigen und die Kleineren können bei Papa oder Mama natürlich mitfahren – was für eine Gaudi. Und hier gibts noch mehr: Strandbuggys, Bumperboote auf dem Wasser, Großtrampoline, Softballkanonen, Fun Kegeln, Rollenrutschen und vieles mehr – also nichts wie hin.

KInderMotorLand
Am Seeufer 6, 23968 Hohenkirchen
OT Niendorf,
Tel.: 0173/918 23 20

Für Naturentdecker ist der **Schmetterlingspark in Klütz** genau die richtige Adresse. Hier kann man bis zu 600 lebende tropische

Schmetterlinge bestaunen. Einige haben eine Spannweite von über 30 cm. Über 100 verschiedene Arten flattern durch die große Freiflughalle mit einer üppigen tropischen Pflanzenwelt.

Schmetterlingspark Klütz
An der Festwiese 2, 23948 Klütz
Tel. 038825 263987
www.schmetterlingswelt.de

Eine große Abenteuerwelt erwartet Euch im **minimare**, dem Entdeckerpark in Kalkhorst. Hier erleben Groß und Klein ein Zeitreiseabenteuer durch die 1000jährige Geschichte zwischen Lübeck und Wismar in Form von 50

Miniaturbauwerken im Maßstab von 1 : 25. Hier wird Geschichte zum Anfassen und Mitmachen erlebbar gemacht. Ein 1.500 m^2 großer Abenteuerspielplatz und 9 Themenparks warten auf die Eroberung.

minimare
Friedensstraße 24
23942 Kalkhorst
www.minimare.de

Seit über 20 Jahren ist der **Tigerpark in Dassow** aktiv. Welches Kind hat nicht schon einmal davon geträumt, im Rampenlicht der Manege zu stehen – im Mitmach-Zirkusprojekt wird es möglich gemacht. Hier können die kleinen Artisten innerhalb kürzester Zeit die Grundlagen des Jonglierens, der Akrobatik und des Seiltanzes erlernen oder sich an Zauberstücken ausprobieren. Nach den Proben wird eine richtige kleine Circus-Vorstellung aufgeführt. Auch ein großer Spielplatz wartet auf die Eroberung.

Erlebnis- & Tigerpark Dassow
Gewerbestraße 35-53
23942 Dassow Tel.: 038826 – 88180
www. tigerpark.de

Wie haben die Menschen eigentlich in der Jungsteinzeit hier gelebt? Das kann man im **Steinzeitdorf Kussow**, zwischen Grevesmühlen und Damshagen gelegen, hautnah erleben. Hier wurde ein Siedlungsplatz der Steinzeitmenschen nachgebaut. Jungsteinzeitliche Hausrekonstruktionen und Gerätschaften machen Geschichte anfassbar. Selbst ausprobieren ist natürlich angesagt: Alte Handwerkstechniken üben, mit Pfeil und Bogen schießen – und alte Haustierrassen entdecken.

Geöffnet ist vom 1. April bis 31. Oktober: täglich von 10:00 Uhr bis 17:00 Uhr, Einlass bis 16:30 Uhr
sowie vom 1. November bis 31. März: Mo- Fr von 10:00 Uhr bis 15:00 Uhr, Einlass bis 14:30 Uhr

Steinzeitdorf Kussow
Kussower Weg 9, 23948 Moor-Rolofshagen
Tel.: 03881 - 71 50 55
www.steinzeitdorf-kussow.de

Von Boltenhagen aus ist der **Tierpark in Wismar**, der sich auf einer Fläche von 17 ha südlich an die Hansestadt schmiegt, schnell erreicht. Es

wartet ein Spiel-Paradies auf die Kinder aller Altersgruppen. Bei den Kleinsten stehen der Streichelzoo, in dem man die Tiere selbst füttern darf und natürlich die Affeninsel hoch im Kurs. Neu ist der große Bauerhof, in dem man viele Haustierrassen bestaunen, streicheln und füttern darf. Viel Action herrscht auf dem Abenteuerspielplatz mit neuer Seilbahn, Riesenrutsche und Wasserspielgeräten. Tarzanschwinge, Seilschaukel oder Balkenkarussell laden ein, seine Geschicklichkeit zu testen. Eine kleine Dampflock schoffiert Kinder und Eltern für einen kleinen Obulus durch den Park. Und wer

Tierpark Wismar
Zum Festplatz 30, 23966 Wismar
Tel.: 03841 - 70 70 70
www.tierpark-wismar.de

hat Lust, mit dem Wasserbob aus 10 m Höhe in den Teich zu springen? Also nichts wie hin …

2024 erstamals in Boltenhjagen – **der aquafunpark.** Die Benutzung des aquafunpark erfolgt auf eigene Gefahr. Die Sicherheit wird ganz groß geschrieben, weshalb er nur für Schwimmer und nur mit aquafun Weste genutzt werden darf. Das Mindestalter beträgt 6 Jahre, die Mindestgröße 110 cm. Zusätzliche Sicherheit bringt eine Aufsicht. Anweisungen des Aufsichtspersonals ist stets Folge zu leisten.
Ticket gibt'shier: online oder aquafunpark Beach Base

Juni bis Mitte September
Montag bis Sonntag 10 - 17 Uhr
nur bei entsprechendem Wetter.
www. www.aquafunpark-boltenhagen.de/

Das höchste Glück der Erde liegt auf dem Rücken edler Pferde, sagt ein altes Sprichwort. Für die Kleinsten ist es mit Sicherheit ein großes Glück, auf einem Pony reiten zu dürfen.
Der von den Eigentümern Victoria und Karsten Süß in betriebene Reiterhof wird ständig um weitere Angebote erweitert. Neben Kinderreiten ist Reitunterricht und Voltigieren im Programm. Auch eine Ferienwohnung ist vorhanden.
Informieren Sie sich gern über die neuen Angebote.

Reiterhof Boltenhagen
Ostseeallee 40c, 23946 Boltenhagen
Tel.: 0170 - 34 73 621
www.reiterhof-boltenhagen.de

Urlaub mit dem Vierbeiner

Drei Hundestrände, (im Ortsteil Redwisch, am Strandaufgang 1 bis Klützer Bachauslauf sowie Tarnewitz) und viele hundefreundliche Vermieter erwarten Sie.

Vom 15. Mai bis 15. September dürfen die Vierbeiner jedoch nur an die Hundebadestrände und dürfen dort auch ohne Leine laufen, toben und baden.
Außerhalb dieser Zeit, also vom 16. September bis zum 14. Mai, sind sie überall am Strand gestattet und dürfen dort unangeleint herumtollen.
Grundsätzlich sind die Hunde jedoch ganzjährig innerhalb des Ortes an der Leine zu führen, verhaltensauffällige Vierbeiner mit Maulkorb.
Hundetüten zur Entsorgung der Hinterlassenschaft finden Sie in Behältern mit Hundetüten entlang der Strandpromenade und an verschiedenen Stellen im Ort.

„Rolle", Catja vom Stubben, hat sich schon ihren Lieblingsplatz am Redewischer Strand gesichert.

Boltenhagener Hundetage immer im Spätsommer *(Aktuelle Aushänge beachten)*

Die zweite Boltenhagener Hundemesse auf der Festwiese hinter dem Kurhaus Ostseebad Boltenhagen steht an.

Eine Vielzahl von Ausstellern aus dem Bereich Zubehör und Nahrung sowie der Gesundheit Deines besten Freundes findest Du auf der Festwiese hinter dem Kurhaus.

Die spezielle Hundefotografie ist auch mit einem tollen Stand präsent. Du hast die Möglichkeit, an unserem kostenfreien Hundetraining vor Ort teilzunehmen.

Was gibt es Schöneres in so einem Hundeleben, als am Strand unangeleint herumzutollen – Herrchen oder Frauchen wissen, wann!

BOLTENHAGEN

Unterwegs
mit Handicap ...
In Boltenhagen kein Problem.

Behindertengerechte Mobilität

Als Rollstuhlfahrer möchte man vom öffentlichen Leben nicht ausgeschlossen werden. Hier hat sich in der Vergangenheit einiges getan.

Zwei **rollstuhlgerechte Zugänge zum Strand** befinden sich an den Strandaufgängen 3 (zweiter Aufgang links von der Seebrücke) und Nummer 20 (im Ortsteil Tarnewitz). Auch die neue Dünenpromenade ist auf kompletter Länge rollstuhlgerecht, wobei auf den Strandaufgängen direkt an der Seebrücke, Nr. 4, 13 und 20 behindertengerechte Dünenpromenaden-Aufgänge errichtet wurden.

Behindertengerechte Toiletten finden Sie an den Strandaufgängen 5 (Seebrücke, 13 und 20 sowie direkt im Kurhaus. Alle genannten Toiletten können Sie nur mit dem Euro-Schlüssel für Behinderten-WC´s betreten. In der Touristinformation kann der Euro-Schlüssel, nach Vorlage Ihres Behindertenausweises, auch käuflich erworben werden.

Als behindertengerechte Unterkünfte empfiehlt Ihnen die Kurverwaltung:

Gutshaus Redewisch
Tel. 038825/3760, Redewischer Str. 46
3,2 km bis zum Zentrum
& 2,0 km bis zum Strand

Aura-Hotel
Tel. 038825/ 3700, Strandpromenade 53
1,3 km bis zum Zentrum
& 50 m bis zum Strand

Hotelanlage Tarnewitzer Hof
Tel. 038825/29841,
Dorfstr. 15, Tarnewitz
3,0 km bis zum Zentrum & 1,0 km bis zum Strand - rollstuhlgerechte Unterkünfte

LINDNER-Hotel
Tel. 038825/ 3840, Baltische Allee 1, Boltenhagen, 2 behinderten freundliche Zimmer, 3,5 km bis zum Zentrum, eigener Strand

Regenbogen Ferienanlage
Tel. 038825 /42222, Ostseeallee 54 ein rollstuhlgerechtes Haus, 1,3 km bis zum Zentrum & 80 m bis zum Strand

Evangelisches Familienferiendorf
Tel. 038825 / 43100, Ostseeallee 101
1,8 km bis zum Zentrum & 80 m bis zum Strand

Ferienwohnungen
Vermittlung über
Nordic: 038825/3790:

Strandvilla Krabbe, Strandpromenade 44, 1 km bis zum Zentrum, 25 m zum Strand

Villa Augusta Nr. 2, Ostseeallee 16, Im Zentrum, 100 m zum Strand

Hanse Hof Nr. 4, Mittelpromenade 29, 450 m bis zum Zentrum ,100 m bis zum Strand

Papillon Nr. 10-4, Kastanienallee, 1 km bis zum Zentrum 250 m bis zum Strand

Sünnslag Nr. 125, Eichenweg, 1 km bis zum Zentrum und 400 m bis zum Strand

Ferienwohnungen
Vermittlung über
BAIS: 03 88 25/ 37 78 10:

Strandvilla Muschel (Wohnung Delfin) inkl. rollstuhlgerechter Strandkorb am Strand, Mittelpromenade 31, 750 m zum Zentrum & 100 m bis zum Strand

Strandhaus Florida, Wohnung „Montag“, Strandpromenade 31, 850 m bis zum Zentrum & 20 m bis zum Strand

„Strandvilla Gezeiten“ (App. 1, 2, 3 und 4), Mittelpromenade 31A, 750 m bis zum Zentrum & 100 m bis zum Strand

Haus Prignitz Wohnung Milan, Redewisch Haubenweg 6A, 200 m bis zum Strand, 1,7 km bis zum Zentrum

Residenz am Teich, Whg. 3, Weg am Teich 2, 350 m bis zum Zentrum, 450 m bis zum Strand

Weitere Anbieter:

Fewo Frank, Tel. 040/ 60 83 343, Ostseeallee 8, 150 m bis zum Zentrum & 100 m bis zum Strand

Villa Augusta, Nr.1, Vermittlung über Atlantic: 03 88 25/ 37 79 80, Im Zentrum, 100 m zum Strand

Unterkünfte …
von Nobelsuite bis Camping

Die Zimmervermittlungen

ABBA – Appartements, Buchungen, Betten, Angebote info@boltenhagen.reisen www.boltenhagen.reisen	Ostseeallee 16, 23946 Ostseebad Boltenhagen Tel.: 038825-37111/0 0160-97032960
BAIS – Boltenhagener Appartement & Immobilien Service GmbH info@urlaub-in-boltenhagen.de www.urlaub-in-boltenhagen.de	Ostseeallee 10, 23946 Ostseebad Boltenhagen Tel.: 038825-377810
boltenhagen.travel – info@boltenhagen.travel www.boltenhagen.travel	Mittelpromenade 2, 23946 Ostseebad Boltenhagen Tel.: 038825-374848
H&P Touristik – boltenhagen@hptouristik.de www.hptouristik.de	Dünenweg 1D, 23946 Ostseebad Boltenhagen Tel.: 038825-450
NORDIC – Immobilien- und Appartementvermittlungsgesellschaft mbH nordic@boltenhagen.com www.boltenhagen.com	Kastanienallee 24, Mariannenweg 38, 23946 Ostseebad Boltenhagen Tel.: 038825-3790
OSSEBO – Ostsee-Service-Boltenhagen info@ossebo.de www.ossebo.de	Weidenstieg 3, 23946 Ostseebad Boltenhagen Tel.: 038825-21474
Regenbogen Ferienanlage – urlaub@regenbogen.ag	Ostseeallee 54, 23946 Ostseebad Boltenhagen Tel.: 038825-42222
Upstalsboom – Hotels und Ferienwohnungen info@upstalsboom.de	Dünenweg 1B, 23946 Ostseebad Boltenhagen Tel.: 04921-8997-3203
Atlantic– www.aav-boltenhagen.de	Ostseeallee 6 a, 23946 Ostseebad Boltenhagen Tel.: 038825-377980

Hotelanlagen in Boltenhagen

Seehotel Großherzog von Mecklenburg – info@seehotel-boltenhagen.de www.seehotel-boltenhagen.de	Ostseeallee 1, 23946 Ostseebad Boltenhagen Tel.: 038825-50-0
Lindner Hotel Boltenhagen info.boltenhagen@ lindnerhotels.com www.https://lindnerhotels.com/	Baltische Allee 1, 23946 Ostseebad Boltenhagen Tel.: 038825-384-0
BEECH-Resort Boltenhagen info@beechresort-boltenhagen.com www.beechresort-boltenhagen.com	Mecklenburger Allee 1, 23946 Ostseebad Boltenhagen Tel.: 038825-384-99 00
Gutshaus Redewisch – Hotel & Restaurant info@gutshaus-redewisch.de www.gutshaus-redewisch.de	Redewischer Dorfstraße 46, 23946 Ostseebad Boltenhagen Tel.: 038825-37 60
John Brinckman – Hotel & Restaurant info@dhotel-john-brinckman.de www.hotel-john-brinckman.de	Mittelpromenade 24, 23946 Ostseebad Boltenhagen Tel.: 038825-400
Ostseehotel Boltenhagen – info@ostseehotel-boltenhagen.com www.ostseehotel-boltenhagen.com	Ostseeallee 58c, 23946 Ostseebad Boltenhagen Tel.: 038825-385 700
Pension Kühne – info@pension-kuehne.de www.pension-kuehne.de	Ostseeallee 92, 23946 Ostseebad Boltenhagen Tel.: 038825-370 8-0
Lindenhof – Hotel-Pension & Appartements info@lindenhof-boltenhagen.de www.lindenhof.m-vp.de	Tarnewitzer Straße 24, 23946 Ostseebad Boltenhagen Tel.: 038825-31 90
Pension Cora – kontakt@pension-cora.com www.pension-cora.com	Tarnewitzer Straße 7, 23946 Tarnewitz Tel.: 038825-370 8-0

*LINDNER-Hotel**** in Boltenhagen*

Blick auf das LINDNER Hotel mit der Marina

Im Ferienresort „Weiße Wiek" erleben Sie Ihren Urlaub im Ostseebad Boltenhagen auf seine eigene Art: Ob Sie lieber am Badestrand entspannen, oder das Treiben im Hafen der YachtWelt Weiße Wiek beobachten, der sich mit 350 Liegeplätzen direkt vor dem Hotel erstreckt: Die malerische Umgebung des Hotels zählt zu den schönsten Küstenstreifen der Ostsee und hat für jeden Geschmack etwas zu bieten.

In dem 4-Sterne-Superior -Lindner Hotel finden Sie alles, was Sie für einen entspannten Urlaub brauchen. Lassen Sie sich z. B. Im großzügigen Wellnessbereich auf über 1000 Quadratmetern verwöhnen.

Im Fitnessbereich müssen Sie zwar selbst aktiv werden, dafür können Sie sich anschließend im Restaurant 1803 mit einem köstlichen Menü und einem Logenplatz beim Ostsee-Blick auf die Marina belohnen. Das ganz besondere Highlight – jedes Zimmer im Lindner Boltenhagen hat Meerblick.

Lindner Hotel, Baltische Allee 1
23946 Ostseebad Boltenhagen
Tel: 038825 - 384 0
www.lindnerhotels.com/hotels/lindner-hotel-boltenhagen

Familienhotel BEECH in Boltenhagen

Das BEECH Resort Boltenhagen aus der Möwenflug-Perspektive

An einem der schönsten Küstenabschnitte an der Ostsee liegt das Familienhotel direkt am Meer. Erleben Sie eine besondere Auszeit mit maritimem Flair und außergewöhnlicher Natur zum Entspannen, Verweilen und Entdecken. Das BEECH Resort gehört zum Ferienresort Weiße Wiek und liegt direkt an der Ostseeküste.

Die Promenade lädt zu entspannten Spaziergängen ein, passionierte Segler werden garantiert in der benachbarten YachtWelt Weiße Wiek fündig. Erleben Sie die vielfältigen Freizeitaktivitäten rund um unser Hotel in Boltenhagen und genießen Sie Ihren Urlaub in vollen Zügen!

Wir legen großen Wert darauf, dass es Ihnen an nichts fehlt: Mit den Appartements mit Hotelkomfort in unserem BEECH Boltenhagen „finden sie hier ihren Heimathafen" – ob Familie, Aktivurlauber, Naturliebhaber oder Genießer.

BEECHResort Boltenhagen
Mecklenburger Allee 1
23946 Ostseebad Boltenhagen
Tel: 038825 - 384 99 00
www.beechresort-boltenhagen.com

Worauf es im Urlaub ankommt.

Wer hier Urlaub macht, hat diese Momente inklusive.

Wenn Sie Ihren Urlaub geplant haben, ihre Unterkunft reserviert und möglichst stressfrei Ihr Urlaubsziel Boltenhagen erreicht haben, dann möchten Sie nur eins: Der Urlaub soll beginnen.

Das wissen die Vermieter und Betreuer der Ferienunterkünfte natürlich ganz genau und haben sich vorbereitet. Problemlose Schlüsselübergaben, modern Kommunikation, saubere Unterkünfte und Informationen um Ihren Urlaubsort und die Region.

Wer sich im Vorfeld noch keine weitreichende Informationen über Ort und Veranstaltungen geholt hat, findet im Netz natürlich alles Notwendige, kann aber auch gern die Kurverwaltung als ersten Ansprechpartner für den Urlaub aufsuchen. Hier ist ein wahrer Info-Pool, der für alle Interessens- und Altersgruppen passende Infos bereithält. Im aktuellen Veranstaltungskalender www.boltenhagen.de/veranstaltungen oder als Heft in der Kurverwaltung sind monatliche Veranstaltungen taggenau aufgeführt.

Es ist alser der Service hinter den Kulissen, der den Urlaub erst zum Urlaub macht.

Dafür sei an dieser Stelle allen fleißigen Mitarbeitern der Kurverwaltung und der Urlaubs-Anbieter herzlich gedankt.

BAIS GmbH - Ihre Nr. 1 für guten Service

Büro: Ostseebad Boltenhagen

Büro: Hansestadt Wismar

Seit 1996 ist die BAIS GmbH im Ostseebad Boltenhagen als touristisches Unternehmen aktiv. Aktuell organisiert sie auf sehr hohem Dienstleistungsniveau die Vermietung von über 550 Ferienwohnungen und Ferienhäusern in Boltenhagen und anderen Orten entlang der Ostsee im Klützer Winkel zwischen Lübeck & Wismar.

Darüber hinaus verwaltet die BAIS GmbH professionell Wohneigentum, wie Erstwohnsitze und Ferienwohnungsanlagen. Sie ist eine Fachfirma für den Verkauf hochwertiger Eigentumswohnungen, Häusern oder Grundstücken. Der hauseigene Reinigungsservice sowie die technischen Hausmeister-, Garten- und Außenanlagenpflegedienste runden das Dienstleistungsangebot ab.

Seit 2018 ist die BAIS GmbH auch in der Hansestadt Wismar mit einem neuen Bürostandort im „Ohlerich Speicher“ und in der „Hafenspitze“ vertreten und unser freundliches Team offeriert von dort die modernen Premium Ferienwohnungen direkt am Ufer des schönen Altstadthafens - Traumkulissen inklusive!

Weitere Informationen erhalten Sie unter:

www.urlaub-in-boltenhagen.de

www.immobilien-in-boltenhagen.de

☎ 038 825 - 377 810

Gerne beraten wir Sie persönlich 7 Tage die Woche.

Boltenhagener Appartement & Immobilien Service GmbH
Ostseeallee 10 • 23946 Ostseebad Boltenhagen

Boltenhagener Appartement & Immobilien Service GmbH

OSSEBO – Ihre Ferienvermietung im Ostseebad Boltenhagen

Damit Sie einen unvergesslichen Boltenhagen-Urlaub erleben, hat der Ostsee Service Boltenhagen für jeden Geschmack das passende Urlaubsdomizil am Meer:
Ob gemütliche Ferienwohnung, ein schönes Ferienhaus oder ein komfortables Appartement, strandnah oder auf dem Land.

Das nun mehr als 20 Jahre bestehende, regional verwurzelte Team von OSSEBO bietet eine persönliche und individuelle Beratung bei der Anmietung Ihrer Ferienunterkunft in Boltenhagen und dem Klützer Winkel.

Ob eine Ferienwohnung im Zentrum des Ostseebads Boltenhagen, ein Ferienhaus direkt am Strand oder ein Appartement mitten in der Natur

– bei einer Auswahl von mehr als 300 Ferienunterkünften in und um Boltenhagen finden Sie bestimmt das richtige Domizil für Ihre Auszeit. Das Servicepaket für eine umfangreiche Gästebetreuung wird hier abgerundet durch eine 24-Stunden-Notfallbetreuung, einen Shuttleservice, die Kooperation mit einem Fahrradverleih, eine E-Ladestation, kostenfrei frisch bezogene Bettwäsche für alle Anreisenden und die Bereitstellung einer Reiseversicherung. Damit Sie rundum zufrieden sind!

Ferienwohnungen in Boltenhagen oder im küstennahen Umland

OSSEBO – Ihre Hausverwaltung und Immobilienservice vor Ort

Durch jahrelange Erfahrung, klare und transparente Arbeitsstrukturen, modernes „Know-How" und hohe Qualitätsmaßstäbe haben wir den Vorteil, dass wir Ihnen alle Leistungen aus einer Hand vor Ort zur Verfügung stellen können.

Professionelle Facility-Management-Lösungen erwarten Sie auf dem Gebiet der Immobilienverwaltung, indem wir die lukrative Bewirtschaftung übernehmen und unsere Immobilienobjekte persönlich und individuell betreuen.

Für den Bereich Immobilienbewertung, Verkauf oder die Suche nach einer passenden Ferienimmobilie sind Sie bei OSSEBO an der richtigen Adresse.

Ostsee Service Boltenhagen
Weidenstieg 3, 23946 Boltenhagen
Tel.: 038825 - 2 14 74
www.ossebo.de

Hausverwaltungen

Hotel Gutshaus Stellshagen – Gutshaus Parin

Das historische **Gutshaus Stellshagen** ist seit 1996 ein Bio- und Gesundheitshotel mit eigenem naturheilkundlichen Gesundheitszentrum und eigener Bioland-Landwirtschaft. Etwas abgelegen von den großen Straßen verspricht ein Besuch angenehme Ruhe und Naturverbundenheit. Das Anwesen ist mit dem Rad auch von Boltenhagen oder Klütz aus gut zu erreichen. Auf der großen Sonnenterrasse können Besucher in den Sommermonaten in Ruhe verweilen und Kaffeespezialitäten mit selbstgebackenen Kuchen und Torten genießen. Wer am vegetarischen Buffet in 100% Bio-Qualität mit verschiedenen warmen und kalten Speisen teilnehmen möchte, meldet sich vorab telefonisch an. In Topf und Pfanne kommen vor allem regionale und saisonale Zutaten. Dafür wurde eine eigene Landwirtschaft mit Gemüse- und Obstanbau (Bioland) aufgebaut. Das, was hier wächst und reif ist, wird verarbeitet. Die Köche nehmen auf Lebensmittelunverträglichkeiten Rücksicht. Daher können Gäste auch zwischen veganen, laktose- und glutenfreien Alternativen wählen. Zum Gutshaus gehört das Saunahaus mit einem Naturbadeteich, das bei freien Kapazitäten und vorheriger Anmeldung von Tagesgästen mit genutzt werden kann.

Das Gutshaus Parin liegt mit dem Auto etwa 10 Kilometer von Boltenhagen entfernt und verspricht Ruhe und Naturverbundenheit. Es ist ein Bio- und Gesundheitshotel mit vegeta-

Gutshaus Stellshagen
Lindenstraße 1, 23948 Stellshagen
Tel.: 038825 - 440
www.gutshaus-stellshagen.de

Gutshaus Parin
Wirtschaftshof 1, 23948 Parin
Tel.: 03881 - 756890
www.gutshaus-parin.de

rischer/veganer Küche und eigener Bioland-Landwirtschaft. Das Gutshaus-Café im historischen Gewölbekeller lockt mit selbstgebackenen Torten und Kuchen, die täglich frisch aus der eigenen Biobäckerei geliefert werden. Ganz in der Nähe des beschaulichen Dorfes gibt es einen wunderschönen Wald, der mit einem Wanderweg zu entspannten Spaziergängen einlädt. Fahrradfahren kann man hier besonders gut und ist in alle Richtungen

Hotel und Restaurant Baumhaus – Ruhe im Herzen des Klützer Winkels

Klein Pravtshagen erreichen Sie von Klütz aus in Richtung Kalkhorst/Dassow.

Das aus dicken Holzstämmen errichtete Objekt hat im Hotelbereich 4 Zimmer für 2 Personen – Aufbettung möglich.

Zu empfehlen ist das Restaurant mit 60 Innenplätzen, im Sommer bietet eine weitläufige Terrasse bis zu 100 Personen Platz. Ein Kinderspielplatz direkt auf dem Hof lädt Familien zum Verweilen ein, auch Hunde sind willkommen. Da das Baumhaus an einem ausgebauten Radwegenetz liegt, ist es beliebter Aufenthaltsort für Radfahrer.

Das Team um den Inhaber Herrn Massa erfüllt kulinarische Wünsche mit einer breiten Auswahl regionaler und saisonaler Speisen. Gern wird das Objekt wegen seiner ruhigen Lage auch zu Familienfeiern gebucht. Auch Cateringaufträge nimmt das Team entgegen. Geöffnet ist täglich von 12 bis 20 Uhr.

Hotel u. Restaurant Baumhaus
23948 Klein Pravtshagen
Tel.: 038827 - 264
E-Mail: baumhaus-info@web.de

Atemberaubende Meer-Blicke,
höchster Komfort in stilvollem Ambiente,
Ruhe und Entspannung garantiert
und doch zentrumsnah gelegen –
das ist meine Strandvilla auf Zeit

Caravaning in Boltenhagen

Einige Campingplätze in und um Boltenhagen

– Du möchtest Camping an der Ostsee bei Boltenhagen machen und bist auf Der Suche nach einem guten Campingplatz? Wir geben dir eine Übersicht mit top Plätzen.

Campingplatz Ostseequelle
Der Campingplatz liegt in unmittelbarer Nähe zur Ostsee zwischen Boltenhagen und Wismar direkt am 3,5 Kilometer langen Sandstrand der Wohlenberger Wiek

Strandstraße 21, 23968 Hohenkirchen OT Niendorf

Campingplatz Regenbogen
Der Campingplatz Regenbogen im Ostseebad Boltenhagen bietet Standplätze für Wohnwagen, Wohnmobile oder Zelte. Aber auch Mietunterkünfte wie Tipi Zelte oder Bungalows sind vorhanden.

Ostseeallee 54, 23946 Boltenhagen

Geheim! Wiese am Hellbach
Stellplatz-Geheimtipp bei Wismar an der Ostsee mit Holzsauna! Ein privater Stellplatz am Rande der Hansestadt Wismar, an der Ostsee! Ein Naturstellplatz abseits der Massen mit Naturteich und Holzsauna und RUHE!

23970 Wismar,

Camping Liebeslaube
Direkt am langen Naturstrand zwischen Wismar und dem Ostseebad Boltenhagen in der Wohlenberger Wiek gelegen. Die Standplätze für Wohnwagen und die Zeltwiese sind etwa 150 Meter vom Strand entfernt. Mit modernem Sanitärgebäude (Kochplatten, Spülen und Waschmaschinen und Trockner). Sehr flacher, langer Uferbereich bietet sich für Familien mit Kindern an.

Wohlenberger Wiek 1, 23968 Hohenkirschen

Camping in und um Boltenhagen

Einfach mal spontan Urlaub machen. Das erste Mal im Zelt übernachten, mit dem Wohnwagen oder dem Wohnmobil an die Küste – einfach machen!

In Boltenhagen direkt hält die Regenbogen AG in der Ostseeallee 54 den Platz an der Sonne für Sie frei. Zum Strand sind es nur ein paar Meter durch den Küstenwald. Hier haben Sie auch die Möglichkeit, im Ferienhaus-Tipi oder Skandinavischen Ferienhaus für 4 - 6 Pers. zu nächtigen. Ein Restaurant auf dem Gelände ist genauso vorhanden wie ein objekteigener Wellnesbereich. Hier fehlt nichts. Geöffnet vom Anfang April bis Anfang November und zum Jahreswechsel.

Regenbogen AG
Ostseeallee 54, 23946 Boltenhagen
Tel.: 0431 - 237 23 70
www.regenbogen.ag

Der 3-Sterne-Campingplatz „Ostseequelle“ an der Wohlenberger Wiek ist besonders Familien mit Kleinkindern zu empfehlen. Da diese Bucht einen sehr langen flachen Strand besitzt, kann man hier ungestört relaxen. Spiel, Sport- und Freizeitmöglichkeiten nebst Restaurant zeichnen den familienfreundlichen Campingplatz aus.

Campingplatz Ostseequelle
Strandstraße 21
23968 Hohenkirchen OT Niendorf
038428 - 60 222

Der seit über 25 Jahren familiengeführte Campingplatz in Zierow liegt direkt am naturbelassenen Strand der Wismarbucht und hat 300 Stellplätze für Wohnmobile und -wagen. Auf einer der 4 Zeltwiesen können Sie zelten. Die Anmietung von Ferienwohnungen, Bungalows, Mobilheimen oder Ferienhäuschen ist ebenfalls möglich.

Ferienpark Zierow
Strandstr. 19c
23968 Zierow
Tel.: 038428 - 638 20

Veranstaltungen

Kunst • Musik • Erlebnis

Immer etwas los – das ganze Jahr über

Seit Jahren stehen sie an ihrem festen Platz im Kalender – die jährlichen Großveranstaltungen im Ostseebad.

Das Organisations-Team der Kurverwaltung ist täglich damit beschäftigt, den Urlaubsgästen und Einheimischen ein abwechslungsreiches kulturelles Programm über das ganze Jahr hinweg anbieten zu können.

Feste Termine sind am 1. Januar das **Neujahrskonzert** und natürlich das **Neujahrs-Anbaden** unter großer Beteiligung der mutigen Akteure und Zuschauer.

Das nächste Highlight ist zu Ostern der beliebte **Töpfermarkt** zwischen Kurhaus und Seebrücke. Im April steht der **Bücherfrühling** fest im Programm, ehe im Mai der **Saisonauftakt** gefeiert wird.

Für viele Kunstinteressierte steht der **Pfingstmarkt** fest im Kalender, denn zu dieser Zeit laden viele Künstler im Rahmen der landesweiten Aktion „Kunst Offen“ in ihre Ateliers ein. Wenig später, Anfang Juni, sind die Kleinsten die Hauptpersonen zum **Kindertag** und ganz in weiß gekleidet erscheint man im Juli zum **Weißen Picknick**.

Die größte Sommeraktion, der Höhepunkt der Saison, ist das **Seebrückenfest**, das alljährlich einen Stargast präsentiert. Färben sich langsam die Blätter und fegt

4 x im Jahr

Den beliebte Veranstaltungskalender finden Sie in der Kurverwaltung oder online unter: https://www.boltenhagen.de/veranstaltungen/blaetterkatalog/

eine leichte Briese über den Strand, dann ist die Zeit des **Drachenfestes** und der **Strandspiele** gekommen.

Ende Oktober erwartet uns die **Nacht der Kunst** und wenig später verzaubern Sie mysteriöse Gestalten, wenn die Veranstaltung **Von Feen, Faunen Fabelwesen** einlädt. Und schon wieder ist ein Jahr vorbei und der **Wintermarkt** lockt vor Weihnachten zum Bummeln ein.

Auf Kunst und Kultur müssen Sie im Urlaub nicht verzichten. Was Sie im Ostseebad vergeblich suchen, finden Sie mit Sicherheit im Hinterland.

Das Hinterland hat viel Kultur zu bieten.
Theater in Wismar, Schwerin oder Lübeck sind in weniger als einer Stunde erreicht.
Die Festwochen der Städte Wismar und Grevesmühlen locken mit namhaften Interpreten.

Gleich nebenan in Klütz beinhaltet das Literaturhaus Uwe Johnson neben einer Dauerausstellung zum literarischen Schaffen von Uwe Johnson die Stadtbibliothek und gleichzeitig die Stadtinformation Klütz, die für Interessierte viele Informationen bereithält. Veranstaltungen entnehmen Sie bitte der Homepage des Hauses.

Literaturhaus „Uwe Johnson"
Im Thurow 14, 23948 Klütz
Telefon: 038825 - 22387
www. literaturhaus-uwe-johnson.de

Das Schloss Bothmer in Klütz – ein Stück England in Mecklenburg – dürfen Sie auf keinen Fall verpassen.
Graf Hans Caspar von Bothmer, der damals als Graf in London in der legendären Downing Street No. 10 wohnte, ließ sich ab 1726 diese barocke Schlossanlage inmitten einer Parklandschaft errichten.
Schlossmuseum und Schlossladen haben in der Saison von 10 bis 18 Uhr geöffnet.
Hier können Sie sich sogar trauen oder Sie besuchen eine unserer Veranstaltungen. Mit einer öffentlichen Führungen (4,00 Euro) oder einer individuellen Führung (50,00 Euro) bekommen Sie exklusive Infos zu Entstehungsgeschichte und Nutzung des Schlosses.

Schloss Bothmer
Am Park
23948 Klütz
www.mv-schloesser.de

Für Freunde der zeitgenössischen Kunst sei das Künstlerhaus Schloss Plüschow empfohlen. Hier finden das ganze Jahr über hochkarätige Kunstausstellungen statt und Stipendiaten aus aller Welt dürfen auf Einladung des Künstlerhauses in dieser idyllischen Landschaft kreativ wirken.

Künstlerhaus Schloss Plüschow , Am Schlosspark 8, 23936 Upahl OT Plüschow
Tel. 03841 - 6174-0
www.plueschow.de

Schloss Wiligrad am Steilufer des Schweriner Sees gehört ebenfalls zu den besonders zu empfehlenden Kunstorten der Region.

Neben den Ausstellungen des Kunstvereins Wiligrad e.V. in den Galerieräumen des Schlosses lädt ein weiträumiger, gepflegter Park zum Flanieren ein. Unten am Ufer des Schweriner Sees erwartet Sie ein teils urwüchsiger Wanderweg bis nach Schwerin oder Bad Kleinen.

Unbedingt sollten Sie im idyllischen Gartencafé bei Schloss Wiligrad ein Stück Kuchen probieren, lecker.

Schloss Wiligrad
Wiligrader Straße 17, 19069 Lübstorf
www.mv-schloesser.de

Für Musikfreunde ist es der Schönberger Musiksommer, der fest im Terminkalender steht. Jährlich ab Mitte Juni bis Mitte September, und das seit fast 40 Jahren, wird die St.-Laurentius-Kirche in Schönberg zum Musiktempel. Neben klassischer Musik auf der hauseigenen Winzerorgel haben die Veranstalter nationale und internationale Musiker eingeladen.

Schönberger Musik und Kunst e.V
Hinterstr. 4, 23923 Schönberg
www. schoenberger-musiksommer.de
Tel.: 03 88 28 - 2 31 96

Das Piraten-Action-Open-Air-Theater Grevesmühlen – ein Highlight der Region

Eine ganz besondere Attraktion ist die Freilichtaufführung des Piraten-Open-Airs in Grevesmühlen.

Das Piraten-Action-Open-Air-Theater befindet sich am Ortseingang von Grevesmühlen von der A 20 kommend, auf dem liebevoll gestalteten Gelände von über 70.000 Quadratmetern. Hier finden Sie großzügige kostenlose Parkplätze direkt vor dem Theater, einen einzigartigen Marktplatz zum Verweilen und Genießen mit Deutschlands einziger, wahrer Piratenkaschemme „Zur Schatzinsel", Tribünensitzplätze für mehr als 3.000 Zuschauer, einen eigenen See sowie die Wirtschaftsbereiche mit Werkstätten, Ställen und Weiden.

Im Jahr 2005 gestartet, erzählt die jährlich stattfindende Großveranstaltung von

Hier ist Action angesagt!

Käpt`n Joshua Flint

Di. bis Sa. (19.30 Uhr) und So. (16 Uhr) die Story von Käpt`n Joshua Flint und seiner Crew. Inspiriert von R. L. Stevensons Roman „Die Schatzinsel", einem der bekanntesten Abenteuerromane der Weltliteratur, suchen die Veranstalter gemeinsam mit den Besuchern nach Antworten auf all jene Fragen, welche die geheimnisvolle Aura des Käpt'n Flint umgeben.

Die fortlaufende Episode ist ein einzigartiges Familienrerlebnis.

Der Markplatz öffnet während der Spielzeit täglich von Dienstag bis Samstag um 17.00 Uhr sowie sonntags um 13.00 Uhr.

Montag ist spielfrei.

Prädikat: Unbedingt!

www.piratenopenair.de

Wenn Fossilien plötzlich erwachen …

Sie liebt es, das Rauschen der Wellen, das seichte Fließen des Meerwassers zu ihren Füßen und da, ja, da liegt doch ein versteinerter Seeigel. Liebevoll streicht Sabine Schumacher über die deutlich sichtbaren Linien – und steckt ihn in die Tasche, wo es schon „klöddert". Denn wo viele Urlauber längst drüber hinweggesehen haben, wird sie immer noch fündig, hier am Großklützhöved, dem Geheimtipp für Fossiliensammler. Hunderte wenn nicht gar über 1000 solcher Exemplare haben nun eine neue Bestimmung gefunden. Aus ihnen gestaltet sie kunstvolle Bilder, die in ihrer Vielfalt und Ausdrucksstärke wohl einzigartig sind. Denn es sind Fossilien, also seit mehr als 10.000 Jahre versteinerte Lebewesen, die nun in Form von Hund und Katze, Vogel, Mensch oder Fabelwesen wieder zum Leben erwachen. Aus ihnen sprechen Humor, Freude oder Trauer ebenso wie List oder Spielerei, Kraft, Liebe oder einfach nur Freude. Und die will die Künstlerin in erster Linie vermitteln, die diese Werke, die stets Unikate sind, unter dem Label „FossilArt" Interessierten anbietet.

Regionale Ausstellungen folgen. (Aushänge beachten)

Fischschwarm

Was ist ein Fossil:
Ein Fossil (lateinisch fossilis ‚ausgegraben') ist jedes Zeugnis vergangenen Lebens der Erdgeschichte, das älter als 10.000 Jahre ist und sich somit einem geologischen Zeitalter vor dem Beginn des Holozäns zuordnen lässt.
(Quelle: Wikipedia).

Peter K. Endres – phantastisch gemalt

Der Künstler **Peter Konrad Endres** wurde 1956 in Schweinfurt geboren, besuchte Grund- und Realschule und absolvierte ab 1971 bis 1973 eine Ausbildung in den Bereichen Zeichnung und Malerei durch den freischaffenden Grafiker und Maler Heinz Altschäffel aus Schweinfurt.

Nach vielem Auf und Ab zog Endres mit seiner Frau Andrea und dem weißen Schweizer Schäferhund GOYA im November 2012 in den „Klützer Winkel" an die Ostsee – und das brachte, wie er selbst sagt: „... frischen Wind, andere Sichtweisen und eine neue Lebensqualität".

Von der Küste, dem Wald und Meer, der vielfältigen Tierwelt – also von Land und Leuten inspiriert, malt und zeichnet er weiter im Stile des Phantastischen Realismus.

Peter K. Endres ist weitestgehend Autodidakt und hat sich über die Jahre durch Schaffensdrang, innerem Antrieb, grenzenloser Phantasie und stetigem Ausprobieren

… und der Rabe sprach.

sowie Anecken weitergebildet.
Zahlreiche Kulturreisen, Medien, Besuche von Museen, Galerien und freundschaftlichen Künstlerkontakten weltweit, tragen auch dazu bei, seine Themen immer wieder neu sichtbar ins Leben zu rufen.
– und er gibt nicht auf:
„... ich habe noch viel zutun und bin noch lange nicht fertig!"

Peter K. Endres
Straße des Friedens 5a • 23948 Klütz
mobil: 0174 5975243 und WhatsApp
E-Mail: endres.peter@gmx.de

Ostsee und Sirene

Wer mehr über den Maler und sein Werk erfahren möchte, sollte seinen Kunstkatalog „PETER K. ENDRES – PHANTASTISCHE MALEREI UND ZEICHNUNGEN,
50 Jahre Ausstellungen
1973 - 2023" erwerben.
(80 Seiten mit 150 Kunstwerken, Format 25 x 21 cm, 17,50 €)

Schlemmen und genießen

für jeden Geschmack …

Kleiner Restaurantführer

Deutsche Küche

- **Clipper, Seehotel (auf Anfrage)**
  Ostseeallee 1
  Tel.: 03 88 25 – 500

- **Das Landhaus**
  Regenbogen Ferienanlage
  Ostseeallee 54
  Tel.: 03 88 25 - 4 22 22

- **1803, Lindner Hotel**
  Baltische Allee 1
  Tel.: 03 88 25 - 38 40

- **Gutshaus Redewisch**
  Redewischer Straße 46 Tel.:
  03 88 25 - 37 60

- **Hotel & Restaurant John Brinckman**
  Mittelpromenade 24
  Tel.: 03 88 25 – 400

- **Hotel Tarnewitzer Hof**
  Tarnewitzer Straße 15
  Tel.: 03 88 25 - 2 98 41

- **Kleine Büdnerei**
  Mittelpromenade 33
  Tel.: 03 88 25 - 3 78 03

- **Restaurant 63** im Adventure Park
  Tel.: 03 88 25 - 26 82 10
  restaurant@campdavid-boltenhagen.de

- **SommerLaune (Bistro)**
  Ostseeallee 52/54 Tel.
  03 88 25 - 37 31 90

- **Steakhouse No. 9**
  Ostseeallee 9
  Tel.: 03 88 25 - 37 12 50

- **Villa Seebach**
  Mittelpromenade 28
  Tel.: 03 88 25 - 31 50

- **Villa Wagenknecht**
  Mittelpromenade 25
  Tel.: 03 88 25 - 26 28 40

- **Zur Seebrücke**
  Mittelpromenade 6
  Tel.: 03 88 25 - 2 92 88

Fischrestaurants

- **Blinkfür**
  Ostseeallee 64
  Tel.: 03 88 25 - 2 21 14

- **Deichläufer**
  Dünenweg 6
  Tel.: 03 88 25 - 2 99 45

- **Fischereihof Kamerun**
  Zum Hafen 1a
  Tel.: 03 88 25 - 26 72 31

- **Zum Klabautermann**
  Albin-Köbis-Siedlung 2
  Tel.: 03 88 25 - 2 92 48

INTERNATIONAL

Chinesisch

- **Cheng Du**
  Dünenweg 1
  Tel.: 03 88 25 - 38 51 12

Griechisch

- **Hellas**
  Mittelpromenade 5
  Tel.: 03 88 25 - 2 93 67

Indisch

- **Goa**
  Dünenweg 1
  Tel.: 03 88 25 - 38 39 91

Italienisch

- **Pizza Da Fabio**
  Mittelpromenade 4
  Strandpromenade 15 *ab Mai 2024
  Tel.: 03 88 25 - 2 10 28

- **Ristorante Amarone**
  Mittelpromenade 2
  Tel.: 03 88 25 - 38 55 08

- **Ristorante Pizzeria Marzano**
  Dünenweg 1
  Tel.: 03 88 25 - 3 86 444

Böhmisch

- **Wenzel Boltenhagen,**
  im Baltischen Hof, Dünenweg 3
  Tel.: 03 88 25 - 688270

WO BEKOMME ICH FISCH?

Fangfrischen Fisch:

- **Fischhalle Weiße Wiek**
  Herr Gores 01 73 - 917 22 57
  Mo – So: 09.00 – 12.00 Uhr

- **auf Anfrage am Kutter im Fischereihafen Hendrik Kern**
  0174 - 84 43 11 8
  Okt. - Ende Mai 09.00 - 12.00 Uhr Juni - Ende Sep. 07.00 - 10.00 Uhr
  an der Seebrücke

Frischen Räucherfisch:

- **Fischräucherei Ulrich**
  Strandpromenade 60, Ecke Seestr.
  Sa/ So: ab 14.00 Uhr, in der Saison auch donnerstags
  Tel.: 03 88 25 - 293 13

Fischbrötchen / Räucherfisch:

- **Fischereihof Kamerun in der Weißen Wiek**
  Tel.: 03 88 25 - 26 72 31

Fisch / Fischbrötchen /Räucherfisch:

- **Klaus Dunkelmann**
  Fritz-Reuter-Weg 5
  Tel.: 03 88 25 - 298 51
  Di – Fr: 10.00 – 17.00 Uhr

- **„Fischer und sien Fruh“,**
  Imbiss, Redewischer Strand
  Tel.: 03 88 25 - 258 81
  Sa – So: 10.00 – 17.00 Uhr

Fischbrötchen

Laden „Ostseehappen“
Mittelpromenade

Café Bistro Klönsnack
Mittelpromenade 12a

Café & Bistro „Zur Düne“
Strandpromenade 15

FRÜHSTÜCKEN

Café pralinchen & co.
Ostseeallee 6 a
Tel.: 03 88 25 - 2 17 01

Café pralinchen & co.
Ostseeallee 6 a
Tel.: 03 88 25 - 2 17 01

- **Dirks Café Toka**
  Ostseeallee 98
  Tel.: 0176 - 55 78 08 38

- **Beech Resort**
  Mecklenburgische Allee 1
  Tel.: 03 88 25 - 38 40

- **Lindner Hotel**
  Baltische Allee 1
  Tel.: 03 88 25 - 38 40

- **Ostseehotel Boltenhagen**
  Ostseeallee 58
  Tel.: 03 88 25 - 38 57 00

- **Seehotel**
  ***auf Anfrage**
  Ostseeallee 1
  Tel.: 03 88 25 - 50 0

- **Wenzel Boltenhagen, im Baltischen Hof**
  Dünenweg 3
  Tel.: 03 88 25 - 6882 70

- **Villa Seebach**
  Mittelpromenade 28
  Tel.: 03 88 25 - 31 50

sowie in allen Bäckerei-filialen im Ort.

BISTROS

- **Boom! GourmetBistro**
  Ostseeallee 9 Tel.:
  03 88 25 - 37 87 87

- **Moin Moin Bistro und Naturkostladen**
  Ostseeallee 110
  Tel.: 038825 - 85 94 48

- **Windstärke 10**
  Zum Hafen 3
  Tel.: 0160 - 94 95 83 28

CAFÉS

- **Café Muschel**
  Mittelpromenade 31
  Tel.: 03 88 25- 26 80 28

- **Café am Goethehain**
  Ostseeallee 11 E

- **Café Condi, im Seehotel**
  Ostseeallee 1
  Tel.: 03 88 25 – 500

- **Café Großklützhöved**
  Ausbau 16
  Tel.: 03 88 25 - 2 63 20

- **Café Lindquist**
  Strandpromenade 36A
  Tel.: 03 88 25 – 85 99 00

- **café pralinchen & co.**
  Ostseeallee 6
  Tel.: 03 88 25 - 2 17 01

- **Dirks Café Toka**
  Ostseeallee 98
  Tel.: 0176 - 55 78 08 38

- **Eiscafé Venezia**
  Dünenweg 1
  Tel.: 03 88 25 - 38 54 20

- **Eiscafé La Dolce Vita**
  Ostseeallee 9
  Tel.: 03 88 25 - 99 97 89

- **Cafe Klönschnack**
  Mittelpromenade 12 A
  Tel.: 03 88 25 26 40 16

BARS

- **Wieck Lounge, Lindner Hotel**
  Baltische Allee 1
  Tel.: 03 88 25 - 38 40

- **Wiek Bar, Lindner Hotel**
  Baltische Allee 1
  Tel.: 03 88 25 - 38 40

- **Harry's Bar, Seehotel**
  Ostseeallee 1
  Tel.: 03 88 25 – 500

- **Banana Jack, Cocktailbar-Bistro-Partyhaus**
  Ostseeallee 58
  Tel.: 03 88 25 - 2 10 30
  oder 0163 - 1 41 81 41

- **Bistro & Take-Away Waterkant, Beech Resort**
  Mecklenburgische Allee 1
  Tel.: 03 88 25 - 99 22

- **Zum Klausner**
  Dorfkrug und Bierkneipe
  Tarnewitzer Str. 18
  Tel.: 03 88 25 - 2 98 52

Empfehlung

Restaurant 1803 im Lindner Boltenhagen

Ein Highlight, gerade für Gäste, die nicht aus der Region stammen, ist die exzellente Küche des 1803.

Das Konzept steht für eine authentische Küche mit regionalen und saisonalen Einflüssen, in der alles, was die herrliche Mecklenburger Natur zu bieten hat, frisch und schonend zubereitet wird.

Dieses Kunststück gelingt dem Küchenteam, indem es seine hochwertigen Rohstoffe – allem voran Fleisch und Fisch in all ihrer Vielfalt – nach zeitgemäßen und neuesten technologischen Verfahren gart und mit der klassischen Zubereitung kombiniert.

Der herzliche und professionelle Service, schmackhafte kulinarische Kreationen, tolles Ambiente und der traumhafte Hafenblick machen den Besuch zu einem Erlebnis der besonderen Art.

Prädikat: Nicht nur für den besonderen Anlass die beste Wahl!

Übrigens: Ein Restaurantgutschein für das 1803 ist ein exklusives Geschenk.

Restaurant 1803
Baltische Allee 1
23946 Ostseebad Boltenhagen
Tel: 038825 - 384 0

Fischereihof Kamerun

Empfehlung

Wer den Yachthafen in Tarnewitz besucht, kommt am Fischereihof Kamerun nicht vorbei. Hier wird seit 1917 die Fischereitradition in 4. Generation mit Leben gefüllt. Idyllisch am Hafen gelegen, lädt der Fischereihof zu außergewöhnlichen Genüssen ein. Fangfrischer Fisch, täglich vom Kutter „Uschi" angelandet, wird in den Töpfen erfindungsreicher Köche gegart und als Festschmaus serviert. Die Speisekarte bietet Köstlichkeiten aus der Ostsee, vom Grill und aus dem Räucherofen ebenso, wie international inspirierte Spezialitäten. Und das einzigartige Flair drumherum gibt's gratis dazu. Geöffnet Mo – So ab 11 Uhr.

Fischereihof Kamerun,
Zum Hafen 1a, 23946 Boltenhagen
Tel.: 038825 - 26 72 31

Bistro/Cafe Windstärke 10

Empfehlung

Unser kleines Bistro/Cafe direkt neben dem Hafenbüro bietet leckere Kuchen und Torten an. Apfelkuchen, Erdbeer-Buttermilch-Torte, Himbeer-Käsesahne-Torte – lassen Sie sich überraschen.

Auch warme Speisen wie verschiedene Pizzen oder Pommes können Sie hier verzehren. Für den schnellen Snack eignet sich unsere Currywurst hervorragend, um dann an der schönen Marina entlang zu spazieren und die traumhafte Aussicht zu genießen. Dazu bieten wir Ihnen gerne saisonale Getränke wie Erdbeerbowle, Lillet Wild Berry oder einen Andalö Spritz (Sanddornlikör) an.

Im Sommer: 8 – 20 Uhr geöffnet.

Bistro/Café Windstärke 10
Yachtwelt Weisse Wiek
Zum Hafen 3, 23946 Boltenhagen
Tel.: 038825 - 26 39 0

Välkommen im Café Lindquist

Empfehlung

Das Café Lindquist der sympatischen Betreiberin Pia Lindquist-Franz erwartet Sie in scandinavischem Flair an der Mittelpromenade 36a/Strandaufgang 12

Neben Kuchen und Törtchen serviert man hier mittags eine kleine Auswahl an Speisen wie Fischsuppe Lindquist und ein Smörrebröd, frisch und üppig belegt.

Im Winter spenden der schwedische Rundofen von außen und der Glögg von innen wohlige Wärme. ***Välkommen***

In der Saison Mi. Ruhetag.

(Die aktuellen Öffnungszeiten finden Sie auf der Homepage www.cafe-lindquist.de)

Café Lindquist
Strandpromenade 36, 23946 Boltenhagen, Tel.: Tel.: 038825 - 859900

Zum Klausner

Empfehlung

Der Dorfkrug zum Klausner in Tarnewitz ist ein Geheimtipp. Zumindest für jeden Gast, der erstmals hier urlaubt. Für alle anderen steht er bereits ganz oben auf der Liste.

Reservierungen sind meist nur Tage vorher möglich oder gleich um 16 Uhr vor der Tür stehen, denn die urige Bier-Kneipe mit einer Auswahl an Hunderten von Biersorten aus aller Welt ist angesagt – bei Urlaubern wie Einheimischen. Neben Bier und anderen Getränken wird eine kleine Auswahl an Gerichten gereicht.

Geöffnet ist Mi – So: 16 - 21 Uhr

Zum Klausner
Dorfstraße 18, 23946 Tarnewitz
Tel.: 038825 - 29852

Hier gibts BIO auf den Teller

MoinMoin – Bistro und Naturkostladen

Das gemütliche Bistro liegt im Osten Boltenhagens im Ortsteil Tarnewitz und ist von allen Richtungen mit dem Rad gut zu erreichen. Im Ladenteil des Bistros werden Bioprodukte angeboten. Das Frühstücks- und Mittagsangebot lockt Urlauber und Einheimische gleichermaßen in das angrenzende Bistro. Dort, im Wintergarten oder auf der Sonnenterrasse können es sich die Gäste auch mit Kaffeespezialitäten, leckeren Kuchen und mit einem Mittagsangebot gut gehen lassen. Jeden Sonntag von 9.00 bis 12.00 Uhr bietet das Team ein Frühstücksbuffet an. Um Anmeldung wird gebeten. Biker sind hier herzlich willkommen.

MoinMoin –
Bistro und Naturkostladen
Ostseeallee 110, 23946 Boltenhagen / Tarnewitz, Tel.: 038825 - 859 448

„Altes Feuerwehrhaus“ – Bioladen und Bistro

In dem kleinen Ort Damshagen, im Gebäude der ehemaligen Ortsfeuerwehr, befindet sich der vegetarische Bioladen. Es ist ein beliebter Treffpunkt für Urlauber und Einheimische. In dem liebevoll eingerichteten Bistro werden erfrischende Getränke und vegetarische Speisen serviert – alle in 100 % Bio-Qualität. Der integrierte Ladenteil bietet ein ausgesuchtes vorwiegend regionales Grundsortiment an Bio-Lebensmitteln, Gemüse, Obst und Backwaren aus der eigenen Bio-Backstube. Außerdem gibt es allerlei Schönes und Dekoratives für Haus und Garten. Die angebotenen Kaffeespezialitäten gibt es auch zum Mitnehmen. Das Bistro unterstützt das Pfandsystem von RECUP. Hier können wiederverwendbare Getränke-Becher genutzt und abgegeben werden.

„Altes Feuerwehrhaus“
Klützer Str. 34, 23948 Damshagen
Tel.: 038825 - 26 71 74

Atmos Bioweine Damshagen

Empfehlung

Manchmal muss man in Mecklenburg auch etwas um die Ecke gucken, um das besonders Feine und Erlesene zu finden.

Bei Sigurd Ahrens in Damshagen ging es mir so, als ich seinen kleinen, aber wohl sortierten Laden mit ausgesuchtem Sortiment von etwa 100 Weinen aus sieben EU Ländern / Argentinien und Chile, verschiedene Prosecci, Sekt, Cremant, Champagner, exzellenten Grappa, Calvados, Gin und Obstler besuchte. Alles aus kontrolliert biologischem Anbau – von preiswert bis zur Spitzen- und Weltklasse – erzählt er mir freundlich.

Und er erklärt mir, wie man die Spitzen-Schokolade richtig genießt, woher die biologischen, vegetarischen und veganen Produkte stammen und warum er genau diese im Sortiment hat. Ich bin schnell überzeugt, Sigurd – oder „Sam" – ist ein Kenner vom Fach. Das mit viel Liebe ausgestattete Geschäft lädt förmlich dazu ein, das ganz Besondere aus seinem Urlaub mit nach Hause zu nehmen. Selbstverständlich können Sie über Internet nachordern. Die Wände schmücken eindrucksvolle Bilder von Dirk Beckedorf (Bremen), Peter K. Endres (Klütz), Louise H. Scheunert (Klütz) und Riten (Doris Markwart, Grevesmühlen).

Geöffnet: Di - Fr 10 - 18 Uhr
Sa. 10 - 17 Uhr

Atmos Bioweine
Klützer Str. 34, 23948 Damshagen
Tel.: 038825 - 260 84

Steinbecker Hofladen Mann

Empfehlung

Hier ist alles noch hausgemacht, nichts vom Discounter. Regionaler Honig, Sanddornprodukte, Eier von freilaufenden Hühnern, Bio-Wurstwaren und frische Milch aus dem eigenen Kuhstall. Und so schmeckt der Kuchen auch. Unter den blühenden Obstbäumen einen Café und eines der leckeren Torten zu genießen – ein Traum. Beim Schnökern im Laden finden Sie auch ausgewählte Kleidung aus 100% Schafswolle, Pflegeprodukte aus pflanzlichen Produkten wie Sanddorn oder Aloe-Vera oder Bücher und Kalender.

Prädikat: Wenigsten einmal hin!

Steinbecker Hofladen, Fam. Mann
Dorfstr. 10, 23948 Steinbeck
Tel.: 038825 - 23340

Wenzel Boltenhagen

Empfehlung

Traditionelle böhmische Braukunst genießen und dazu deftiges böhmische Gerichte schlemmen – dazu müssen Sie nicht nach Böhmen reisen.

Nur 100 Meter vom wunderschönen Ostseestrand entfernt im Erdgeschoss des neuen Baltischen Hofes sind Sie willkomen.

Egal ob in unseren charmanten Innenräumen oder bei schönem Wetter im Biergarten: Genießen Sie bei uns köstliche Böhmische Knödel, erfrischendes Bier, leckeren Gulasch, hausgemachte Limonaden, Burger und Knödelpommes, Pinsa, Eis von Filmlegende Terence Hill … und SO VIEL mehr.

Wenzel Boltenhagen
Dünenweg 3, 23946 Ostseebad Boltenhagen
Tel.: 038825 688270

Kulinarische Empfehlungen

Klützer Mühle – Klützer

Empfehlung

Auf einem Hügel unweit des Klützer Zentrums erwartet Sie die Holländer Windmühle von 1903. Von den neuen Inhabern 2016 erworben lockt ein interessantes kulinarisches Angebot.
Täglich ist von 11.30 bis 22 Uhr geöffnet.

Restaurant Klützer Mühle
An der Mühle 36, 23948 Klütz
Tel.: 038825 - 37 47 67

„Hitzegrad" – Klütz

Empfehlung

Direkt im Zentrum von Klütz, nur wenige Schritte vom Markt. Absolut empfehlenswert, eine super Küche, modern und gemütlich, flippige Speisen, mal etwas anderes – und alles ein Hochgenuss.
Dienstag – Sonntag
12.00 Uhr – 21.00 Uhr.

Restaurant Hitzegrad
Rudolf-Breitscheid-Str. 1, 23948 Klütz
Tel.: 038825 - 38 84 84

Landhaus „Klützer Eck" – Klütz

Empfehlung

Mal Essen gehen, wie der Mecklenburger es mag – gut bürgerliche Küche mit großer Auswahl an Speisen. Zu finden vom Markt aus in Richtung Kalkhorst 100 m.
Di - Fr: 12 – 14.30 + 17.30 - 21.30 Uhr. Sa, So + Feiertage 12 – 21.30 Uhr

Restaurant Landhaus „Klützer Eck"
Im Kaiser 12, 23948 Klütz
Tel.: 038825 - 293 19

„schlossgut gross schwansee“ Empfehlung

Ruhe, Luxus und Lebensart direkt an der Ostsee in einem Herrenhaus mit Schlossgeschichte – ach, wär das schön.

In der Brasserie erwartet Sie ein reichhaltiges Schwansee-Frühstück vom Buffet. Unsere Speisekarte umsorgt Sie mit deftigen, leckeren Mecklenburger Spezialitäten der Region.

Am Nachmittag lädt die Sonnenterrasse der Brasserie, soweit das Wetter es erlaubt, zur Kaffee-Kuchenzeit ein.

Neben saisonalen, kulinarischen Aktionen in der Brasserie locken Themenbuffets im Sommer: **Pasta-Basta** – italienische Küche in die Brasserie, **Rustikale Abende** oder **BBQ** im Garten der Brasserie - ein Grillschmaus für jeden Geschmack!

Reservieren sollte man schon!

https://www.schwansee.de/kulinarik.html#brasserie

Schlossgut gross schwansee
Am Park 1, 23942 Groß Schwansee
Tel.: 038827 - 8848 0

Eisdiele „Island 15/6“ Wohlenberg Tipp

Ich lade Sie ein zu einer kleinen Wanderung nach Wohlenberg, entweder direkt am Strand vom Fischereihafen aus – festes Schuhwerk erforderlich – oder vom Stadtweg (Restaurant Klausner) in Tarnewitz aus. Mit dem Fahrrad geht es schneller. Als Belohnung gibt's ein Eis in der „Eisdiele „Island 15/6“ Wohlenberg. Nicht irgendeins. Die Softeis-Keationen der Erfinderin, Frau Karsten, sind alle selbstgemacht, sahnig und voller Aroma, dass sie es bei der Wahl zur Eisdiele des Jahres in Mecklenburg-Vorpommern auch schon auf den ersten Platz gebracht hat.

Also noch ein Ei(n)s!

Eisdiele Wohlenberg
An d. Chaussee 2, 23948 Wohlenberg
Tel.: 038825 - 29 130

Maritime
uvenirs
SEEKISTE
Wohn
Accessoires

Einkaufen

Mehr als nur das Souvenir …

Boltenhagen-Shop/ Galerie

Den Urlaubsort mit nach Hause nehmen? – Schwer möglich. Aber ein Andenken, eine Erinnerung an die schönen Urlaubs-Stunden, das muss sein.

Besuchen Sie unseren Boltenhagen-Shop direkt an der Seebrücke. Hier finden Sie exklusive Boltenhagen-Souvenirs, T-Shirts, Taschen oder kunstvoll gestaltete Armbänder, die aus am Meeresgrund „vergessenen" Fischernetzen gefertigt wurden.

Gleichzeitig können Sie fast über das ganze Jahr Original-Zeichnungen und Gemälde regionaler Künstler betrachten und natürlich auch erwerben.

Der Boltenhagen-Shop

Supermarkt Filialen im Ostseebad Boltenhagen:
Mehrere Supermärkte in Boltenhagen halten ein breites Sortiment an Frischewaren für Urlauber und Einheimidsche bereit.

EDEKA-Frischemarkt
Ostseeallee 12
Ostseeallee 52 - 54

NETTO-Markendiscount
An der Weißen Wiek 6,

MARKANT Markt
Kastanienallee 2,

ALDI Nord
Kastanienallee 2,

Für den Grill:
Grillware erhalten Sie in jedem Supermarkt, frische Grillfleischwaren finden Sie an der **Markant Fleischtheke** oder in der **Landschlachterei Klütz**.

Die in der 3. Auflage überarbeitete ***„Chronik des Ostseebades Boltenhagen"*** vom Horst Günther bietet Einwohnern und Gästen die Möglichkeit, einen Überblick über die die einzelnen Gehöfte, über die Geschichte der Hufen, Büdnereien, Häuslereien und Siedlungs- bzw. Bebauungskomplexe zu erhalten. Die Entwicklung des Tourismus und Fremdenverkehrs, der Gastronomie, der Fischerei sowie der Infrastruktur sind wichtige Themen dieses fast 500 Seiten starken Nachschlagewerkes.

Chronik Ostseebad Boltenhagen
NWM-Verlag • ISBN: 978-3-946324-08-9
460 Seiten, geb., ca. 600 Abb.
Preis: 39,- Euro

Bauernmarkt Boltenhagen

Bauernmarkt Boltenhagen – Cafè, Dekoartikel & Erzgebirgische Volkskunst

Anfang Juni 24 eröffnete der Bauernmarkt unter den neuen Namen „Bauernmarkt Boltenhagen“ und neuen Eigentümern mit erweitertem Angebot.

Neben viel Maritimem finden Sie in der weitläufigen, hübsch dekorierten Scheune jetzt auch erzgebirgische Volkskunst.

Während Interessierte nach Urlaubsmitbringseln stöbern, sitzen andere gemütlich bei Kaffee und Kuchen auf der überdachten Terrasse.

Hier lohnt eine Einkehr immer. Wer hier nicht war, war nicht in Boltenhagen!

Bio-Hof Hoher Schönberg

Der Bio-Bauernhof „Hof Hoher Schönberg" liegt in Alleinlage im Klützer Winkel in Nordwestmecklenburg, nahe der Ostsee. Zu dem ehemaligen Erbpachthof von 1860 gehören rund 25 ha Land in arrondierter Lage. Wir bewirtschaften den Bauernhof mit Acker-, Ölsaaten- und Gartenbau sowie Viehzucht auf ökologische bzw. biologisch-dynamische, ursprüngliche, handwerkliche Weise und zum Teil nach historischem Vorbild. DIeTiere sind traditionell gehalten und die Futtermittel wie Heu, Stroh, Rüben und Getreide werden vollständig selbst erzeugt.

Als besonderen Betriebszweig betreiben wir eine Ölmühle und pressen mit einem speziell entwickelten Verfahren pflanzliche, inhaltsstoffreiche Öle in ernährungsphysiologisch hochwertiger Bio-Rohkost-Qualität. Die verpressten Ölsaaten, Kerne und Nüsse kommen dabei zum Teil direkt ohne Transportwege aus eigenem Anbau des Biohofes. Insgesamt stellen wir täglich bis wöchentlich frisch 25 therapeutisch hochwirksame, verschiedene Öle mit unseren wassergekühlten Rohkost-Ölmühlen her.

In der Hofwirtschaft sind wir bestrebt, Kreisläufe zu schließen. So verwenden wir beispielsweise den Presskuchen aus der Ölmüllerei als Tierfutter oder direkt als Dünger, um diese Nährstoffe dem Boden zurückzuführen.

Derzeit arbeiten 15 Menschen, auf dem „Hof Hoher Schönberg" in den unterschiedlichsten Bereichen.

Hofladen: Bio-Hof Hoher Schönberg
Jörg Altmann, Kalkhorster Str. 37
23948 Hohen Schönberg
Telefon: 03 88 27 - 88 82 33

Der Grüne Wochenmarkt ist ein neues Highlight des Ortes.
Hier vertreiben regional ansässige Bio-Bauernhöfe frisches Obst und Gemüse aus der Region. Nachhaltig, gesund und mit bester Öko-Bilanz nach dem Motto: hier produziert - hier verkauft.

Und da stieg plötzlich ein Afrikaner aus dem Taxi …

Joachim Clausen – ein Boltenhagener Urgestein, wohnt seit 1976 hier und hat so einiges erlebt. Nach seiner Lehre als Dreher im KGW (Klement-Gottwald-Werk) fuhr er 4 Jahre bei der Handelsmarine zur See. Als er aus Jux und Dallerei über Fluchtpläne spekuliert, hat ihn die Stasi schnell auf dem Kieker. Aus war`s mit der Seefahrt, was blieb, war das Fernweh.

Um 1980 lernt er am Strand von Boltenhagen einige Studenten aus Mosambique kennen und freundet sich an mit José Abilio Pedro. Der beendet sein Studium wenig später und reist wieder in seine Heimat.

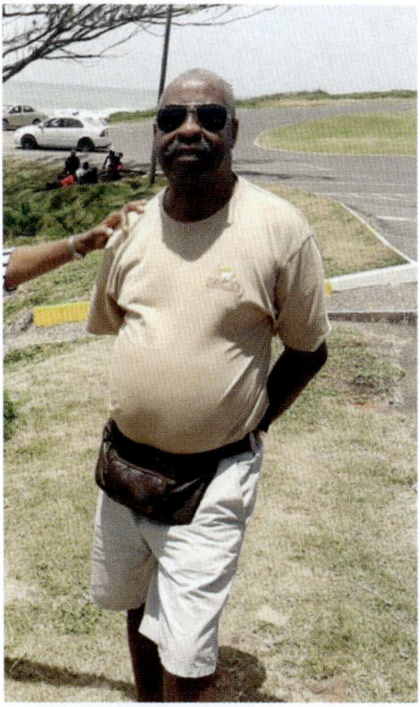

José Abilio Pedro

Die Jahre vergehen.

Um 2010 hält plötzlich ein Taxi vor seiner Tür in Tarnewitz. José Abilio steigt aus, was für eine Überraschung.

„Doch erzähl', wie hast Du uns gefunden, José?" So die ungläubigen Clausens, denn er hatte weder Namen noch Adresse von Joachim.

Da zieht José ein vergilbtes Hochzeitsfoto aus der Tasche, es war das Einzige, was ihm von seinem deutschen Freund geblieben war, das musste helfen. Er hatte es in Boltenhagen am Taxistand herumgezeigt, bis jemand das junge Ehepaar Clausen darauf erkannt hatte.

Prompt folgte die Einladung des Freundes nach Mosambique. *„Was für ein herrliches Land, und diese Massen an Elefanten…"* schwärmt der Tarnewitzer und die Augen leuchten vom Fernweh.

Badespaß
nach allen Regeln …

Die Strandkorbvermieter

Hier mieten Sie Ihren Strandkorb – stressfrei Sonne tanken!

Nr.	Strandkorbvermieter	Telefon	Bemerkungen
02	Virgin, Thorsten	0160 6866950	
03	Bremer, Ingo	0152 23015292	Bootsvermietung
04	Hesse, Mathias	0151 50179383	Fahrradverleih
1	Kruse, Daniela	0170 5806524	Hunde
2	Güldner, Fanny	0151 54116668	
3	Rieckhoff, Daina	0179 5476913	
4	Krüger, Bettina	0162 6856001	
6	Menzel, Maik	0172 3820643	
7	Sager, Ulli	0173 9565342	behindertengerecht
8	Heese, Matthes	0172 9765540	
9	Salzmann, Peter	0170 9344450	behindertengerecht
10	Salzmann, Frank	0178 5092873	
11	Siegfried Laskowski	01575 7928685	
12	Wehr, Heike	0172 3524405	behindertengerecht, FKK
13	Eggert, Katja	0170 8347413	behindertengerecht
14	Bernhard, Katharina	0157 5421212	
15	Schmidt, Alina	0172 4020679	
16	Eggert, Wolfgang	0162 6938374	
17	Schwartz, Mirko	0177 482 29 56	
18	Hinspeter, Kerstin	0174 2318681	
19	Lehmann, Heike	038825 21087	
20	Dunkelmann, Cornelia	0160 5470651	behindertengerecht
21/22	Kohler, Karl	015237638303	Hunde
23/24	Kalfack, Dieter	0171 4868148	

Baderegeln am Ostseestrand

DLRG Baderegeln für Kinder

Die meisten Kinder lieben es, im Wasser zu toben und zu plantschen. Beim leichtfertigen Spiel kann die Ostsee jedoch auch zur ernsthaften Lebensbedrohung werden.
Deshalb soll man sich, wie im Straßenverkehr auch, an bestimmte Verhaltensregeln halten, dann kann nichts passieren.

- Gehe nur zum Baden, wenn du dich wohl fühlst. Kühle dich ab und dusche, bevor du ins Wasser gehst.
- Gehe niemals mit vollem oder ganz leerem Magen ins Wasser.
- Gehe als Nichtschwimmer nur bis zum Bauch ins Wasser.
- Rufe nie um Hilfe, wenn du nicht wirklich in Gefahr bist, aber hilf anderen, wenn sie Hilfe brauchen.
- Überschätze dich und deine Kraft nicht.
- Bade nicht dort, wo Schiffe und Boote fahren.
- Bei Gewitter ist Baden lebensgefährlich. Verlasse das Wasser sofort und suche ein festes Gebäude auf.
- Halte das Wasser und seine Umgebung sauber, wirf Abfälle in den Mülleimer.
- Aufblasbare Schwimmhilfen bieten dir keine Sicherheit im Wasser.
- Springe nur ins Wasser, wenn es frei und tief genug ist.

Strandmuscheln am Strand…

sind überall dort erlaubt, wo keine Strandkörbe vermietet werden, hier haben die Strandkorbvermieter gepachtet!

Hunde am Strand…

sind sind auf den Hundestränden in Tarnewitz und Redewisch herzlich willkommen. Ab 16. September bis 14. Mai können sie sich auf dem kompletten Strandbereich austoben. Durch Hunde verursachte Verschmutzungen entfernen die Hundehalter natürlich. Im Ort herrscht ganzjährig Leinenpflicht.

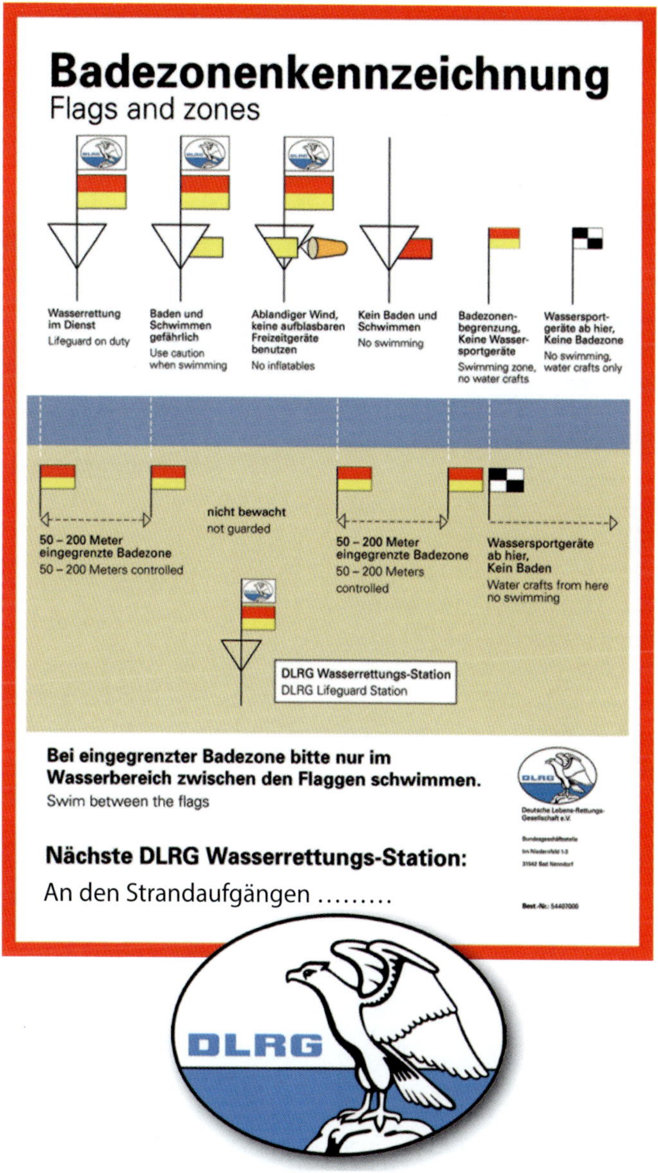
Badezonenkennzeichnung
Flags and zones
Wasserrettung im Dienst
Lifeguard on duty
Baden und Schwimmen gefährlich
Use caution when swimming
Ablandiger Wind, keine aufblasbaren Freizeitgeräte benutzen
No inflatables
Kein Baden und Schwimmen
No swimming
Badezonen-begrenzung, Keine Wasser-sportgeräte
Swimming zone, no water crafts
Wassersport-geräte ab hier, Keine Badezone
No swimming, water crafts only
50 – 200 Meter eingegrenzte Badezone
50 – 200 Meters controlled
nicht bewacht
not guarded
50 – 200 Meter eingegrenzte Badezone
50 – 200 Meters controlled
Wassersportgeräte ab hier, Kein Baden
Water crafts from here no swimming
DLRG Wasserrettungs-Station
DLRG Lifeguard Station
Bei eingegrenzter Badezone bitte nur im Wasserbereich zwischen den Flaggen schwimmen.
Swim between the flags
Nächste DLRG Wasserrettungs-Station:
An den Strandaufgängen ....

Auf dem Wasser

Rundfahrten, Segeln & Mitsegeln

Auf dem Wasser wird der Urlaub erst zum Urlaub. Sanft von den Wellen geschaukelt, scheint die Zeit still zu stehen.

Für eine Minikreuzfahrt zur Insel Poel, nach Wismar oder verschiedenen Orten der schleswig-holsteinischen Ostseeküste wartet von Ostern bis Oktober die MS „Seebär" im Yachthafen der Weißen Wiek - Steg D. Von hier aus geht es entweder zur Seehundsandbank (1h), oder zur Insel Poel, wo Sie 1,5 h Landgang haben. Nach Absprache mit dem Käpt'n sind Extra- und Charterfahrten möglich. Max. 50 Personen finden Platz, also besonders in der Saison bitte 30 bis 45 min früher am Anleger sein.

Bäderschifffahrt Marco Weiße
Tel.: 03881-75 50 443
Mobil: 0172-287 25 84
www.ms-seebaer-boltenhagen.de

Oder möchten Sie einmal einen ***Fischer auf einer Fangtour*** begleiten?

Da müssen Sie aber sehr früh aus den Federn, denn oft vor Sonnenaufgang fährt Uwe Dunkelmann mit seinem Kutter vom Fischereihafen Tarnewitz auf See hinaus, um die Netze einzuholen. Sprechen Sie ihn ruhig an: Tel.: 038825-267231, mit Sicherheit hat Fischer Dunkelmann, der einer alten Boltenhagener Fischerdynastie entstammt, noch so einiges zu erzählen.

Was gibt es Schöneres, als selbst zu segeln – auch ohne eigene Yacht. Oder wollen Sie Ihre Segelerfahrung mit einem Skipper-Training auffrischen?

Informieren Sie sich im Yachthafen Weiße Wiek oder im Internet unter www.ostsee-charter-yacht.de

Yachtwelt Akademie
Zum Hafen 3, 23946 Boltenhagen
Telefon +49 (0) 38821 - 140024
www.yachtwelt-akademie.de

Kinder-Highlights zum Mieten!

Geburtstagsfeiern, Einschulungen, Kinderpartys – alles entwickelt sich mehr und mehr zu einem Event.

Zu einer richtig coolen Kinder-Geburtstagsfeier gehört natürlich eine Rundfahrt mit dem CAROLINCHEN, der Boltenhagener Bäder-Bahn, die neben den regionalen Fahrtzeiten gebucht werden kann.

Das CAROLINCHEN gibt's jetzt aber auch als Mini-Carolinchen im Miniaturformat – für die Lütten. Was für ein Gaudi. Der Vermieter bringt sie in Ihren Garten, baut sie dort auf und weist Sie ein, alles ganz unproblematisch und mit Spaßgarantie.

Außerdem ist hier auch eine große Hüpfburg zu mieten, auf der die Lütten nach Herzenslust herumtollen können.

Alles ist zu Mieten bei Matthias Beckert von der Boltenhagener Bäder-Bahn.

Prädikat: Mal was ganz anderes.

Boltenhagener Bäder-Bahn
CAROLINCHEN
Matthias Beckert
Telefon +49 (0) 172 - 176 2339
www.carolinchen.net

Geführte Radtouren durch den Klützer Winkel *Geschichte erleben oder einfach nur genießen!*

Volker Jakobs wurde 1968 in der Lutherstadt Wittenberg geboren und ist dort aufgewachsen. Nach dem Studium der Landwirtschaft an der Universität Halle/Saale lebt er seit dem Jahr 2000 im Klützer Winkel. Seine Familie hat in Neuenhagen einen Biohof. In seiner Freizeit beschäftigt er sich mit regionalhistorischen Forschungen im Klützer Winkel.
Seit 2011 bietet Volker Jakobs, in Zusammenarbeit mit der Kurverwaltung Boltenhagen, nebenberuflich verschiedene Radtouren für Urlauber an.

... im Klützer Winkel

Start ist 11.00 Uhr auf der Festwiese hinter dem Kurhaus. In ruhigem Tempo fahren wir auf Nebenstraßen durch den Klützer Winkel, dabei werden etwa 35 Kilometer zurückgelegt. Unterwegs wird öfter angehalten, denn es gibt viel zu sehen: Dorfkirchen, Herrenhäuser und niederdeutsche Bauernhöfe, Tiere und Pflanzen am Wegesrand und immer wieder herrliche Aussichten in die wunderschöne Landschaft. Damit es nicht zu anstrengend wird, gibt es eine längere Pause in der zweiten Hälfte der Tour, wo wir an einer Gaststätte rasten. Die Tour dauert 4 - 5 Stunden. Bitte bringen Sie ihr eigenes Rad mit. Keine Anmeldung erforderlich.
Kosten: 11,- € pro Person, mit Kurkarte 10,- €, Kinder bis 18 Jahre 6,- €, mit Kurkarte 5,- €

... auf den Spuren der deutschen Geschichte

Start ist 11.00 Uhr auf der Festwiese hinter dem Kurhaus.
Wo sich heute in Boltenhagen-Tarnewitz die Hotelanlage „Weiße Wieck" mit dem Yacht- und Fischereihafen befindet, gab es in der NS-Zeit einen Militärflugplatz, und auch in der DDR-Zeit war dieses Gelände nicht zugänglich. Boltenhagen

Geführte Radtouren
Volker Jacobs • Neuenhagen
E-Mail: volker.jakobs@freenet.de
Tel.: 038827-88670

war das westlichste Seebad der DDR, gleich dahinter begann das Sperrgebiet. Davon ist heute nicht mehr viel zu bemerken, doch bei genauem Hinsehen kann man noch Spuren dieser Zeit entdecken. Wir genießen den herrlichen Ausblick vom Hochufer „Großklützhöved" und kehren in Steinbeck im Bauernhofcafé ein. Dort können wir uns aufwärmen und historische Fotos und Bücher zum Thema betrachten.

Die Tour dauert 3 - 4 Stunden. Bitte bringen Sie ihr eigenes Rad mit. Keine Anmeldung erforderlich.

Kosten: 11,- € pro Person, mit Kurkarte 10,- €, Kinder bis 18 Jahre 6,- €, mit Kurkarte 5,- €

Wo bekomme ich ein Fahrrad?

Kinder-/Damen-/Herrenräder, Elektroräder, Tretmobile

Delphin Fahrradverleih	Dünenweg 24, Tel.: 0151-50179383
Fahrrad Spezi	Rosenweg 16, Tel.: 0151-18926304
Fahrrad-Verleih	Ostseeallee 9, Tel.: 038825-24163
Hotel John Brinckman	Mittelpromenade 24, Tel.: 0172-1570876 o. 03881-4979891
Kerzenhalle	Kastanienallee 2, Tel.: 038825-26639
Regenbogen Camp	Ostseeallee 54, Tel.: 038825-42234
WAY2BIKE Boltenhagen	Ostseeallee 15b, Tel.: 038825-379870
WAY2BIKE Weiße Wiek	Baltische Allee, Tel.: 0171-7572897

… mit Service wie Reparatur, Transport, Zubehör wie Helme, Anhänger, Babyschalen, Kindersitze, Buggys etc.

Geführte Radtouren im Klützer Winkel mit Volker Jacobs von Ende Juni bis Ende Oktober ab 11 Uhr vom Kurhaus Boltenhagen.

Radtour durch den Klützer Winkel

Empfehlung des Verlages

Strecke 40,4 km
Aufstieg 117 hm
Abstieg 118 hm
Dauer ca. 3 - 4 h

Eine anspruchsvolle – immerhin sind fast 120 hm zu bewältigen – aber eine wundervolle Tour mit Traumschlössern und Kirchen.

Von Boltenhagen aus nehmen Sie den ausgebauten Radweg in Richtung Klütz, immer auf den Turm der Kirchspitze zu. Fahren Sie dann durch Klütz, besichtigen kurz die Kirche und weiter geht es zum imposanten Schloss Bothmer. Von hier aus führt ein Wander- und Radweg, vorbei am sagenumwobenen „Mäuseturm" (links auf einer Anhöhe) nach Stellshagen (BIO-Hotel Gutshaus Stellshagen).

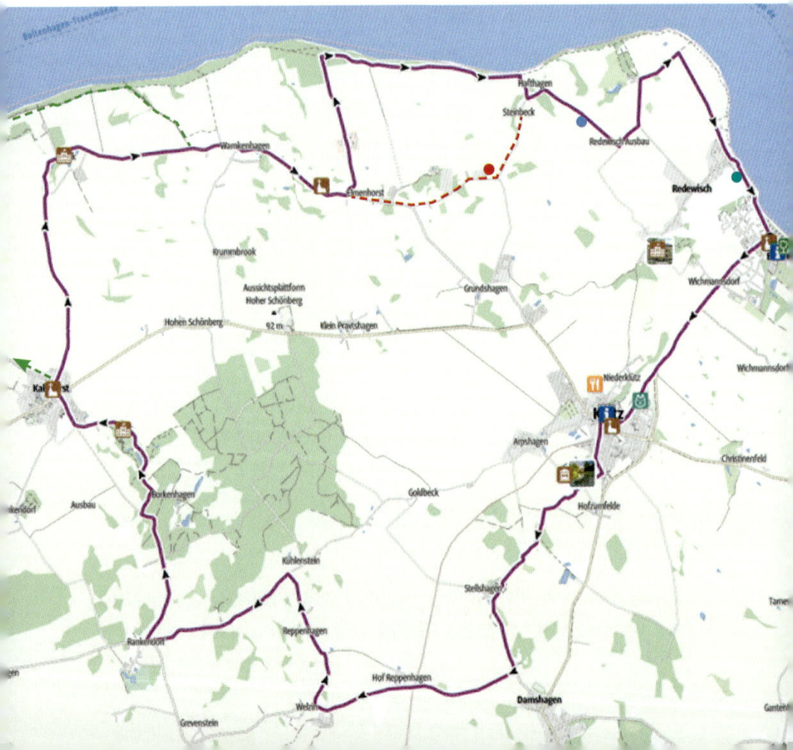

Sie verlassen den Ort in Richtung Damshagen und fahren auf der nächsten Kreuzung rechts in Richtung Kalkhorst über die Orte Hof Reppenhagen (Endstation der Schmalspurbahn „De lütt Kaffeebrenner“), Reppenhagen, Kühlenstein und Rankendorf. In Rankendorf scharf rechts abbiegen und in Richtung Borkenhagen fahren. Sie fahren an der Westseite des Lenorenwaldes weiter und stoßen wenig später auf das Schloss Kalkhorst, das sich wie ein Märchenschloss in einen traumhaften Park schmiegt, der übrigens vor ca. 20 Jahren zum zweitschönsten Naturpark Deutschlands! gewählt wurde. Hier wächst unter anderem ein mächtiger Mammutbaum in den Himmel.

Nach der kurzen Rast geht es über Kalkhorst – Trojaentdecker Heinrich Schliemann lebte zwei Jahre hier – nach Brook. Eine Alternative wäre auch das

„schlossgut gross schwansee“, hier einen vorzüglichen Kaffee genießen und weiter auf dem Radweg auf der Steilküste, dem früheren „Kolonnenweg“, in Richtung Boltenhagen.

Fahren Sie weiter über Brook, Warnkenhagen nach Elmenhorst. Hier haben Sie die Möglichkeit, in Richtung Steilküste abzubiegen, wie auf der Karte eingezeichnet. Oder Sie folgen dem Duft des vorzüglichen Kuchens, der im Steinbecker Hofladen ● bei Familie Mann auf Sie wartet. Da Sie kurz vor Tourende sind, können Sie hier so richtig schlemmen und die Beine ruhen lassen.

Von Steinbeck über Redewisch Ausbau – auch hier wartet ein Radler Café ● – erreichen Sie wieder ihren Startpunkt in Boltenhagen. Zum Schluss noch ein Fischbrötchen bei Fischer Klaus Dunkelmann in Redewisch ● und der Tag ist gegessen – im positiven Sinne natürlich.

Per Pedes

Wanderempfehlungen der Autorin Kristine Lenschow

3 Std., 12 km, 20 hm

Boltenhagener Spaziergang

Urwald und mondänes Flair: Boltenhagen und Tarnewitz

Das Ostseebad Boltenhagen ist zweifellos einer der bekanntesten touristischen Orte im Nordwesten Mecklenburgs. Diese Wanderung durch den Osten des Ortes bringt rustikales Wandern und kultiviertes Promenieren unter einen Hut und nimmt uns mit zu einigen Plätzen, die man in Boltenhagen unbedingt gesehen haben sollte. Insoweit ist diese Tour die ideale Ergänzung zur Tour Nr. 28 (Siehe Wanderführer), die

den westlichen Teil des Ostseebades streift.

Die ersten 3 km führen durch das eher stille Boltenhagener Hinterland und durch den eigentümlichen Tarnewitzer Urwald. Besonders im Frühjahr finden sich hier dichte Teppiche von weißen und gelben Buschwindröschen. Der Natur überlassene umgestürzte Bäume und ausgedehnte moorige Bereiche zaubern eine mystische Atmosphäre. Anschließend geht es durch den kleinen Ortsteil Tarnewitz mit einigen historischen Häusern und dem legendären „Klausner" (Achtung: Wer hier einkehrt, könnte nach einer zugegebenermaßen äußerst empfehlenswerten Bierverkostung Probleme mit der Fortsetzung der Tour haben, also den Besuch besser auf den Abend verschieben!) weiter zu einer Halbinsel, die in den 1930er Jahren aufgespült wurde und bis 1945 als militärischer Versuchsflughafen zum Test von Bordwaffen herhalten musste. Davon ist heute außer einem östlich abgesperrten Bereich nicht mehr viel zu spüren. Stattdessen flanieren wir auf den mondänen Promenaden an der Hotelanlage der „Weißen Wiek" mit Blick auf den beschaulichen Fischereihafen und die schicke Marina Boltenhagen entlang. Wenig später erkunden wir noch einen Teil des fünf Kilometer langen Vorzeige-Sandstrandes von Boltenhagen, blicken von der 290 m langen Seebrücke über die Ostsee und zurück auf das Ostseebad und schlendern zuletzt unter dem Eindruck der Bäderarchitektur durch den Kurpark.

Vom Parkplatz **S** geht es zunächst auf der kleinen Straße an der Sportanlage vorbei in Richtung Südosten auf einen Funkmast zu. Nach 200 m geht die Straße in einen sandigen Fahrweg über und dieser durch einige Findlinge hindurch. Der Weg führt nun an einer Kleingartenanlage entlang und nach einem halben km an einer Kreuzung geradeaus (Wegweiser „Urwald").

Nach den letzten Kleingärten geht es durch eine noch junge Allee **1** und in einem großen Bogen zwischen Wiesen und Feldern bis zu einem Waldrand, an dem sich auch ein Rastplatz **2** befindet (1,3 km,

Der Urwald – im Frühjahr besonder schön

20 min). Nur wenige Schritte später geht es an einer Kreuzung nach rechts in den Wald hinein und dann an dessen Rand entlang. Warum dieser gern als Urwald bezeichnet wird, lässt sich auch vom Weg aus erahnen: Zwischen imposanten Baumriesen vermodern die der Natur überlassenen Reste toter Bäume und in den sumpfigen Niederungen des kleinen Bruches blühen im Frühjahr Sumpfdotterblumen. Der Weg macht einen Linksbogen in den Wald hinein, kurz darauf wird ein Abzweig nach rechts ignoriert. Bald öffnet sich rechts der Blick über eine Wiese und nach gut 35 min geht es auf einem Querweg nach halb rechts (Wegweiser „Tarnewitz") ❸. Der unbefestigte Weg führt bald wieder an einem Waldrand entlang, über eine kleine Steinbrücke und quert 100 m weiter über eine weitere Brücke den Tarnewitzer Bach ❹ . Kurz darauf (3 km, 45 min) ist der Ortseingang von Tarnewitz erreicht. Hier für die nächsten 900 m immer dem Fußweg der Tarnewitzer Straße gerade aus durch das dörfliche Idyll folgen, am urigen „Klausner" Ⓐ und dem „Tarnewitzer Hof" Ⓑ vorbei, bis zu einer Bushaltestelle. Hier nicht auf der Hauptstraße weiter, sondern an einer großen Trauerweide auf der schmalen Straße geradeaus halten. 200 m danach wird eine größere Straße überquert, gegenüber geht es auf einem Feldweg weiter, der zunächst in einem

Hier gibt es den frischen Ostsee-Fisch – im Restaurat oder zum Mitnehmen.

Rechtsbogen nach Südosten führt und sich dann an einem Bach und durch ein Wäldchen bis direkt ans Wasser schlängelt.
Es lohnt sich, ein paar Schritte nach rechts zu gehen, hier steht direkt am Ufer eine Bank mit einem traumhaften Blick über die Bucht ❺. Der Weg führt allerdings nach links über eine schmale Brücke und kurz durch ein Dickicht, dahinter öffnet sich der Blick auf den kleinen Fischereihafen ❻ und die Marina Boltenhagen. Hier lohnt es sich, etwas auf dem Bootssteg zu bummeln oder den frischen Fisch im Restaurant zu genießen. Der Weg ist nun nicht zu verfehlen: Es geht vor der Hotelanlage direkt über die elegante Promenade der Weißen Wiek, mit Blick auf die Marina und weit über die Ostsee bis hinüber zur Insel Poel. Nach insgesamt 5,5 km und ca. 1,5 Std. ist am kleinen Hotelstrand ❼ das Ende der Promenade erreicht, hier geht es nach links und nach 150 m hinter der Hotelanlage am Waldrand wiederum nach links. Vor dem Haupteingang des Hotels nach rechts weiter am Waldrand nun ca. 600 m auf dem Geh- und Radweg parallel zur Zufahrtsstraße entlang gehen (an einem Kreisverkehr geradeaus) und nach ca. 1 Std. 45 min rechts zwischen zwei Schranken auf einen Deichweg ❽ abbiegen.

Auf dem Deich zunächst 200 m geradeaus, der Weg biegt dann nach links und geht nach weiteren 200 m auf dem Deich in eine Strandpromenade über. Nochmals 200 m weiter führt der erste Strandabgang zum breiten Sandstrand hinunter. Nun geht es fast 2,5 km am Strand entlang bis zur Seebrücke ❿ von Boltenhagen. Alternativ kann auch auf dem Promenadenweg weiter gegangen werden.
Nach einem Abstecher auf die Seebrücke geht es dann über deren Zugang geradewegs durch den schönen Kurpark in den Ort hinein. Vor dem Kurhaus an einer Ampel die Ostseeallee queren, 50 m nach

Hier werden wohl die meisten Erinnerungsfotos geschossen.

rechts gehen und vor einer Springbrunnen-Anlage ⓫ nach links in den Weidenstieg einbiegen. Zu empfehlen ist aber auch ein kurzer Abstecher geradeaus zur nur 100 m entfernten neugotischen Kirche ⓬ . Die hübsche rote Backsteinkirche von 1873 liegt auf einer „Zur Paulshöhe" genannten kleinen Erhebung.

Zurück auf dem Weidenstieg führt der letzte Teil der Tour in südliche Richtung am Feuerwehrhaus und einem Großparkplatz vorbei und am Rand einer Siedlung entlang ca. 800 m bis zur Kleingartenanlage, vor der wir nach rechts abbiegen und die letzten 500 m auf dem bekannten (Hin-)weg zum Ausgangspunkt unserer Tour zurückkehren.

Ausgangspunkt:
Parkplatz an der Sportanlage am Ortseingang aus Klütz kommend

Gehzeiten: 3 Std., 12 km, 20 hm

Anforderungen:
Einfache Wanderung, auf Wald- und Wiesenwegen, ab Tarnewitz zur Weißen Wiek und bis zum Deich auf befestigten Wegen, dann Strandwanderung, abschließend befestigter Weg/Straße zum Ausgangspunkt.

Einkehr:

Ⓐ Zum Klausner, urige Kneipe mit kleinen Speisen und großem Bier- und Whiskyangebot; Tarnewitzer Straße 18, 23946 Boltenhagen, Tel.: 038825 29852

Ⓑ Hotel Tarnewitzer Hof, mediterrane und italienische Küche; Tarnewitzer Straße 15, 23946 Boltenhagen, Tel.: 038825 29841

Ⓒ Fischereihof Kamerun, fangfrischer Fisch und mehr, Zum Hafen 1a, 23946 Boltenhagen; Tel.: 038825 267231

Ⓓ Restaurant Fine Art im Iberotel Boltenhagen, gehobene Küche, Baltische Allee 1, 23946 Boltenhagen, Tel.: 038825 3840

- Diverse Cafés, Bars und Restaurants in der Nähe der Seebrücke und an der Promenade

Empfehlung:
Wanderführer
Nördliches Westmecklenburg
11,5 x 18 cm
168 Seiten
38 Touren
ISBN: 978-3-946324-49-2

www.nwm-verlag.de

Boltenhagen erfahren …
mit der Boltenhagener Bäderbahn ***CAROLINCHEN***

Orstsrundfahrten – Steilküstenfahrten oder zur Weißen Wiek – mit CAROLINCHEN erfahren Sie das Ostseebad.

Die **Ortsrundfahrt** dauert 45 min. Hier erhalten Sie einen Einblick in die über 200jährige Geschichte des Ostseebades.

Eine Stunde dauert die Fahrt zur imposanten, 30 m hohen **Steilküste**. Auf einer 20-minütigen Rast können Sie weit über das Meer blicken und bei guter Sicht mit bloßem Auge die Fehmarn-Sund-Brücke erkennen.

Die **Weiße Wiek** – ein touristisches Projekt der Superlative – lernen Sie auf dieser 45-minütigen Fahrt kennen. Sie erfahren hier Interessantes rund um die Geschichte der Halbinsel Tarnewitz, auf der nach geheimer militärischer Nutzung im Dritten Reich die Grenzbrigade Küste stationiert war.

Abfahrt immer ab Kurhaus!

Boltenhagener Bäderbahn
CAROLINCHEN
Inh. Carola & Matthias Beckert
Tel.: 0172/176 23 39
www.carolinchen.net

	Ortsrundfahrt Erleben Sie das Ostseebad Boltenhagen	Steilküste idyllisch, naturnah und einfach imposant	Weiße Wiek eine geheimnisvolle Inselgeschichte
Apr	13 / 15 Uhr	11 / 14 Uhr	12 Uhr
Mai	13 / 17 Uhr	11 / 14 / 16 Uhr	12 / 15 Uhr
Juni	10 / 13 / 17 Uhr	11 / 14 / 16 Uhr	12 / 15 Uhr
Juli	10 / 13 / 17 Uhr	11 / 14 / 16 Uhr	12 / 15 Uhr
Aug	10 / 13 / 17 Uhr	11 / 14 / 16 Uhr	12 / 15 Uhr
Sep	10 / 13 / 17 Uhr	11 / 14 / 16 Uhr	12 / 15 Uhr
Okt	13 / 15 Uhr	11 / 14 / 16 Uhr	12 Uhr

Die Fischer von Boltenhagen

Von Fischern und Ostsee-Rangern …

Fischer Kai Dunkelmann – unterwegs als Ostsee-Ranger

Die Fischerei prägt als einer der ältesten Berufszweige seit hunderten von Jahren die Küste Mecklenburg-Vorpommerns. Nach 1945 gab es in Boltenhagen mit Tarnewitz und Redewisch noch mehr als 30 Fischer, die mit ihren Familien vollständig oder teilweise vom Fischfang leben konnten. Übrig geblieben sind bis heute ganze 5 Fischer.

Kai Dunkelmann, einer der Letzten und Jüngsten seiner Zunft, liebt seinen Beruf. Aber vom Fischfang allein kann er seine Familie nicht mehr ernähren. Die Günde für den Fischrückgang sind vielfältig, erklärt er. Die globale Erwärmung sorgt für das frühere Laichen der Fische, deren Nachzucht jahreszeitlich bedingt noch keine Plankton-Nahrung findet, der sinkende Sauerstoffgehalt im Wasser, Einleitungen von Umweltgilften in die Ostsee

Kai Dunkelman (3.v.l.) beim praktischen Ausbildungslehrgang zum Ostsee-Ranger

wie Herbizide und Fungizide, aber auch Antibiotika aus der Tierhaltung und fehlende Muschelbestände, die Umweltgilfte filtrieren, ausgasende, einst verklappte Weltkriegsmunition, eine wachsende Zahl an Prädatoren wie Robben, Kormoran und auf Fischlaich spezialisierte Raubfischarten und, und und … Aus diesen Gründen hat sich der junge Fischer in einer 8-monatigen Schulung zum Umwelt-Ranger ausbilden lassen, denn Meeres- und Umweltschutz liegen ihm am Herzen. Seine Hoffnung: die Politik möge zuhören und handeln, denn mit ökologisch nachhaltiger Fischerei ist der Beruf nicht zum Sterben verbannt.

Gern nimmt der Vater von 4 Kindern Urlauberfamilien (max. 3 Personen) mit auf See und zeigt, wie traditionelle, nachhaltige Fischerei im Einklang mit der Natur funktionieren kann. Anmeldung erbeten unter: 0175-7703177

Die Fischer von Boltenhagen sind:
Kai Dunkelmann
Klaus Dunkelmann
Uwe Dunkelmann
Heiko Gores
Hendrik Kern

Frischfisch in der Fischhalle gibt es im Fischereihafen Tarnewitz täglich ab 9 Uhr.

Der Fischimbiss von „De Fischer un sien Fruh" ist ein beliebter Anlaufpunkt für Freunde von Bratfisch, Räucherfisch & Fischbrötchen

Yachthafen YachtWelt Weisse Wiek

Etwas versteckter, aber keineswegs zu vernachlässigen, ist der Ortsteil Tarnewitz mit der dort zu findenden Hafenanlage YachtWelt Weisse Wiek. Die mittlerweile 350 Liegeplätze der IMCI-zertifizierten 5-Sterne Boltenhagen-Marina liegen eingebettet in die gepflegte Freizeit- und Ferienanlage mit ihren Promenaden, Hotels, Gastronomie und Fischerhütten.

Den Hafenbetrieb können Sie zum Beispiel bei einer leckeren Erdbeerbowle, einem Flammkuchen oder einer Portion Pommes vom „Windstärke 10“ im Strandkorb genießen. Im Frühjahr und Herbst werden Boote ein- oder ausgewassert, im Sommer herrscht reges Treiben mit Live-Musik an so manch einem Wochenende.

Besonders ist auch ein Aufenthalt auf einem der von Floatinghouses vermieteten Hausboote (www.floatinghouses.de/boltenhagen/). Die in

verschiedenen Größen und Ausstattungen angebotenen Hausboote locken mit einer ganz neuen Form der Entschleunigung.

Unser kleines Bistro/Cafe direkt neben dem Hafenbüro bietet leckere Kuchen und Torten an. Apfelkuchen, Erdbeer-Buttermilch-Torte, Himbeer-Käsesahne-Torte – lassen Sie sich überraschen. Auch warme Speisen wie verschiedene Pizzen oder Pommes können Sie hier verzehren. Für den schnellen Snack eignet sich unsere Currywurst hervorragend, dazu ein saisonales Getränk wie Erdbeerbowle, Lillet Wild Berry oder einen Andalö Spritz (Sanddornlikör) – traumhaft.

Yachtwelt Weiße Wiek GmbH
Zum Hafen 3
23946 Ostseebad Boltenhagen
www.yachtwelt.de

Die Natur
entdecken!
Hier gibt`s mehr als Möwen …

Tiere und Vögel

und was man nicht erwartet hätte…

Das Ostseebad Boltenhagen gehört zu den Seebädern, die eingebettet in die mecklenburgische Landschaft von weitgehend ursprünglicher Natur umgeben sind, Felder Wiesen, Wälder und Sölle bieten einer Vielzahl an Tieren Nahrung und Lebensraum.

Wildschweine und *Rehe, Hasen* und *Füchse* sind hier selbstverständlich zu Hause. In den letzten Jahren hinzugekommen sind *Waschbär* und *Marderhund* – und auch der *Wolf* ist zurück, zwar noch nicht als sesshaftes Rudel, aber durchaus als „Durchzieher".

Die Einheimischen haben auch schon mal Probleme mit dem Schwarzwild, wenn es aus den Schilfgebieten und Naturschutzgebieten auf den Deichanlagen oder in den Vorgärten nach Nahrung sucht. Schnell ist der mühevoll angelegte Rasen des nachts zum umgepflügten Acker mutiert. Oder der Waschbär oder Marder hat sich im Dach der Ferienwohnung ein neues Zuhause gesucht und lässt nachts Einwohner und Gäste nicht schlafen.

Ansprechpartner bei Problemen mit Wild: Hegering Klütz, Christian Sack, Tel.: 0173-6141079

Der einheimische Jäger ist hier der richtige Ansprechpartner, er weiß, wie man den Eindringlingen den Einzug vermiest oder wie die Wildschweine das Weite suchen.

In Nordwestmecklenburg gibt es neben den hier zu beobachtenden Rehen und Wildschweinen noch eine andere Schalenwildart, die andernorts nicht zu finden ist, das *Muffelwild*. Eine größere Population ist in der Nähe von Kalkhorst heimisch und kann mit etwas Glück beobachtet werden.

Ganz nah kommt man dem Wild im Questiner Wald. Hier wurde schon zu DDR-Zeiten ein weiträumiges *Damwildgatter* eingerichtet, in dem die *Damhirsche* ganzjährig aus der Nähe beobachtet und auch gefüttert werden können.

Einzigartig in Deutschland

und inzwischen eine Touristenattraktion, ist die *Nandupopulation* bei Selmsdorf, die sich vor 20 Jahren bildete, als aus einem Gehege einige Nandus entwichen und sich jedem Versuch des Einfangens widersetzten. Nachdem der Bestand auf teilweise über 300 der Laufvögel angewachsen war, versuchte man durch verschiedene Methoden den Bestand zu reduzieren, denn es war inzwischen erheblicher Schaden entstanden. Nur die Freigabe zur Jagd half, sodass heute ca. 150 Vögel hier leben.

An der Küste können Sie viele Vogelarten beobachten – einige sind nur an der Küste heimisch.

Den *Seeadler*, inzwischen hier im Bestand nicht mehr gefährdet, erkennen Sie an seiner weit ausladenden Flügelspanne, wie ein Brett steht er hoch oben in der Luft.

Die *Lachmöwe* erkennen Sie an der charakteristischen braunen Kapuze und am großen Keil auf dem Handflügel.

Die *Mantelmöwe* ist die größte Möwe und hier häufiger Wintergast. An ihrem Schnabel hat sie einen roten Fleck.

Die große *Silbermöwe* hat eine graue Oberseite und einen großen gelben Schnabel.

Die *Stummöwe* ist fast eine Miniatur der Silbermöwe, deutlich kleiner und mit dunklen Augen.

Der *Mittelsäger* gehört zu den Entenartigen, hat einen dunklen Kopf mit zerzaustem Schopf, ein weißes Halsband und eine rotbraune Brust.

Die *Uferschwalbe* hat eine braune Oberseite und eine weiße Unterseite, der Schwanz ist schwach gegabelt.

Die *Küstenseeschwalbe* hat eine möwengraue Oberseite und einen dunkelroten spitzen Schnabel.

Der *Kormoran* ist ein gänsegroßer, dunkler langhalsiger Vogel mit kräftigem Hakenschnabel. Zum Ärger der Fischer jagt er vornehmlich Edelfische wie z. B. den Aal.

Welche Fische haben gerade Saison

Zu welcher Zeit bekomme ich welchen Fisch?

Wenn Sie an der Ostsee Urlaub machen, dann wollen Sie Fisch essen. Doch welcher Fisch ist wirklich gestern aus dem Meer gefischt worden?

Im Jahresverlauf beginnt es mit der **Meerforelle**, die mutige Angler, sofern die Ostsee eisfrei ist, aus den kalten Fluten ziehen.

Im Februar/März folgt der **Hering**, der in großen – oder kleinen – Schwärmen in die flacheren Zonen der Ostsee zieht, um zu laichen.

Im April ist dann auf den Hochbrücken und Seebrücken – sofern erlaubt – für die Angler Hochsaison, wenn der **Hornhecht** mit den grünen Gräten reihenweise an Land gezogen wird. Den Hornhecht zieht es hierher, denn ihm schmeckt der Laich des Herings vorzüglich.

Ab Mai ist dann Zeit für die **Flunder/Scholle,** man spricht ja auch von leckerer „Maischolle", obwohl da noch gar nichts dran ist.

In den Boddengewässern oder Süßwasserseen endet Ende April die Schonzeit des **Hechtes**. Jetzt stehen die ganz dicken Fische im Fokus des Anglers.

Auch die **Makrele** tritt in großen Schwärmen auf, meist ab August/September, und ist ein hervorragender Speisefisch. Geräuchert ein Muss!

Der **Dorsch**, der in seinem Bestand stark rückläufig ist, wird das ganze Jahr über gefischt. Starke Einschränkungen gibt es jedoch auf den Angeltouren bei Anzahl und Größe.

Im Spätsommer fischt man den kleinen Verwandten des Dorsches, den **Wittling**, der sich in größeren Wassertiefen wohl fühlt.

Und der **Aal,** Lieblingsfisch des Fischers, Anglers und Kormorans. Kein Wunder, der schmeckt ja auch lecker!

Meerforelle

Wittling

Fangmethoden

Wie kommt mein Fisch auf den Teller?

Das Angeln.
Kennt jeder. Früher war es die Weidenpietsche mit der Pose aus Feder und Korken. Heute bietes das Anglersortiment alles, vom Equipment bis zum Köder. Jetzt muss ich nur noch wissen, mit was ich wo, wann auf was angeln möchte?

Das Grundstellnetz
Bei dieser passiven Fangmethode werden die Fangnetze unter Wasser befestigt. Fische schwimmen nun in das Netz, die Größeren verfangen sich, die Kleineren schwimmen hindurch. Vom Boot aus wird das Netz nun hochgezogen. Und abends gehts ans Flicken, na gute Nacht.

Das Grundschleppnetz
Wird vorwiegend für den Fang von Grundfischen (Steinbutt, Scholle, Dorsch) eingesetzt. Dieses trichterförmige Netz wird von einem Schiff gezogen. Es hat am Ende einen Trichter, den Steert. Einsatz findet es bis zu einer Tiefe von 1500 Metern.

Das pelagische Stellnetz
In einer Wassertiefe von 300 m ziehen ein oder zwei Trawler das trichterförmige Netz, dessen Öffnung bis zu 70 m hoch und 120 m breit sein kann. Gefangen werden hiermit Hering, Dorsch, Wittling und Sprotte.

Die Aalreuse
Bei der Aalreuse sorgen das Leitwehr und der immer enger werdende Netztrichter, der aus mehreren Kammern besteht, dafür, dass die Aale hineinschwimmen. Rückschwimmsperren verhindern das Entkommen der Aale. So landen sie im Räucherofen und nicht im Magen des Kormorans. Es sei denn, der taucht hinterher …

Makrele

Dorsch

Das Hinterland ruft

Das sollten Sie gesehen haben

Der Ostseebus-Boltenhagen …

fährt Sie an das Ziel Ihrer Träume!

Tagestouren, Ausflugs- oder Transferfahrten kann man bei Olaf Claus mit seinem Ostseebus buchen.

Täglich bietet das Unternehmen Ostseebus Boltenhagen Fahrten der unterschiedlichsten Art an. Besonderheit – das Ziel bestimmt der Gast!

Ob nach Wismar, Rostock mit Warnemünde, nach Lübeck oder Schwerin oder in Richtung der mecklenburgischen Ostseebäder – egal, Sie bestimmen, wohin es geht.

Abfahrt ist immer ab 10 Uhr ab Hotel/Unterkunft und gegen 17 Uhr ist man wieder im Ort. Fahrtpreis: 35,- Euro/Pers. Der Bus bietet 8 Personen Platz.

Buchung telefonisch unter: 0172-463 86 41

Ostseebus Boltenhagen, Olaf Claus
Fritz-Reuter-Weg 2 • 23936 Ostseebad Boltenhagen • Tel.: 0172-463 86 41

8 Personen fasst der Kleinbus – und los geht's …

Schwerin – Weltkulturerbe
Prädikat: Ein Muss

Seit 2014 stand das Residenzensemble Schwerin auf der Liste der Bundesrepublik Deutschland zur Bewerbung um den Titel als Welterbe-Stätte der UNESCO – im Juli 2024 war soweit, Schwerin wurde als neue Weltkulturerbestadt ausgezeichnet! Das ist eine riesige Neuigkeit für die historische Stadt im Norden Deutschlands.

Schwerin, bekannt für sein atemberaubendes Schloss, gilt jetzt offiziell als eines der kulturellen Juwele der Welt. Mit seinen schimmernden Türmen und spiegelnden Fassaden ist das Schloss ein wahres Meisterwerk der Architektur.

Aber Schwerin hat noch viel mehr zu bieten als nur sein Schloss. Die malerische Altstadt mit ihren kopfsteingepflasterten Gassen und historischen Gebäuden versetzt einen regelrecht in eine andere Zeit. Die romantischen Seen und Parks rund um die Stadt laden dazu ein, die Natur zu genießen und die Seele baumeln zu lassen.

In Schwerin gibt es eine Fülle an kulturellen Veranstaltungen, Museen und Galerien, die Besucher aus aller Welt anziehen. Die freundlichen Einwohner und die entspannte Atmosphäre machen es zu einem idealen Ort, um dem Trubel des Alltags zu entfliehen und sich zu entspannen.

Klütz-Schloss Bothmer – Schlossführungen, Sommer- Open-Air-Konzerte, ein nach historischen Vorbild gestalteter Landschaftspark, ein Schlossladen mit ausgesuchten Rafinessen der Region und dann dieses Schloss – dieses Stück England in Mecklenburg – faszinierend, gewaltig, beindruckend.
Prädikat: Ein Muss!

Wismars Backsteingotik ...
Die Wismarer St.-Georgen-Kirche, von der nur der Kirchturm erhalten blieb, gilt als bedeutendstes Beispiel norddeutscher Backsteingotik, neben St. Marien und St. Nikolai. Auch der Marktplatz mit seiner prächtigen Wasserkunst und den alten Patrizierhäusern ist sehenswert.

Schiffe gucken, das kann man in Wismar besonders gut:
Im Sommer kommen die Großen Pötte:
Die großen Kreuzfahrtschiffe, von denen mehrere im Jahr den Wismarer Hafen anlaufen, beeindrucken mit ihrer imposanten Größe und Ausstattung. Sie bringen eine bunte Vielfalt von Touristen aus verschiedenen Ländern in die historische Stadt und sorgen für eine lebendige maritime Atmosphäre.
Zum Schluss unbedingt zum Hafen gehen, ein saftiges Fischbrötchen genießen und die Angebotskiste mit Räucherfisch (eine Auswahl verschiedener Sorten) für 12,50 Euro mitnehmen.
Prädikat: Einfach lecker.

Eine Seefahrt, die ist lustig

Gleich neben dem Schweriner Schloss warten die Ausflugsschiffe der Weißen Flotte der Landeshauptstadt, um mit ihren Gästen eine bis zu 2-stündige Fahrt auf dem Schweriner See zu unternehmen.

Eine Seerundfahrt auf den Schweriner Seen ist ein absolutes Muss für alle Naturliebhaber und Entdecker. Während der gemächlichen Fahrt auf dem klaren Wasser genießen die Besucher die idyllische Landschaft mit ihren grünen Ufern und einen ganz anderen Blick auf das imposante Schweriner Schloss, das majestätisch am Ufer des Sees liegt und sich im Wasser spiegelt. Die frische Brise, das sanfte Plätschern der Wellen und das Vogelgezwitscher begleiten die Reisenden auf ihrer entspannten Reise durch diese zauberhafte Region.

Empfehlung: Setzen Sie vom Schweriner Schloss nach Zippendorf über und wandern Sie auf asphaltierten Naturpfaden entlang des Sees zum Schloss zurück. Traumhaft.

Fährt man aus Schwerin in Richtung Boltenhagen über Wismar, kommt man durch Dorf-Mecklenburg, der Wiege des Landes. Hier stand einst die „Michelenburg", die vor über 1000 Jahren Jahren diesem wundervollen Land seinen Namen gab.

Gleich die erste Einfahrt links, und man kommt zum Kreisagrarmuseum, einem großräumigen Museum, das sich der Erhaltung landwirtschaftlicher Geräte angenommen hat. Immer Mitte Oktober locken die „Wildwochen" viele Gäste an.

Prädikat: Was dazugelernt.

Kreisagrarmuseum
Rambower Weg 9a
23972 Dorf Mecklenburg
kreisagrarmuseum.de

Der Klützer Kaffeebrenner – Sind Sie mit Kindern unterwegs, ist „De lütt Kaffeebrenner" auf 600 mm Spurweite ein besonderes Fahrerlebnis für Eisenbahnfans jeden Alters.

Dampflokomotiven oder historische Diesellokomotiven fahren vom 1.5. bis 31.10 Montags bis Freitags jeweils um 11, 12.30 und 14 Uhr ab Klütz über Stellshagen nach Reppenhagen durch die wundervolle Landschaft des Klützer Winkels.

Das unter Denkmalschutz stehende historische Bahnhofsensemble wurde aufwendig saniert und in seinen alten Zustand von 1905 gebracht – leuchtende Kinderaugen garantiert!

Sonderangebote für Gruppenfahrten auf Anfrage.

Klützer Kaffeebrenner
Bahnhofstrasse 4, 23948 Klütz
Tel.: 038825 - 37165
www.stiftung-deutsche-kleinbahnen.de

Das Steinzeitdorf Kussow – Fahren Sie aus Boltenhagen in Richtung Grevesmühlen, dann führt in Rolofshagen rechts eine Straße nach Kussow. Hier wurde ein jungsteinzeitliches Dorf mit Hütten errichtet, in dem Groß und Klein viel Wissenswertes über das Leben unserer Vorfahren in diesere Region erfahren können. Für Kinder gibt es viele Möglichkeiten, selbst aktibv zu werden. Bogenschießen, Töpfern, Weben – je nach Angebot – vermitteln die Arbeits- und Lebensweise der Jungsteinzeit-Menschen. Und hier erfahren Sie auch Näheres über die Großsteingräber ...

Großsteingräber im Everstorfer Forst – Bedeutende Großsteingräber aus der Steinzeit sind im Everstorfer Forst zu besichtigen. Die **Nordgruppe** erreichen Sie über Grevesmühlen in Richtung Wismar. Nach der

Ausfahrt aus Grevesmühlen/ Degtow müssen Sie bei der Deponie Degtow links abbiegen und folgen der Straße durch den Wald. Endet dieser können Sie rechts eine imposante Gruppierung verschiedenster Großsteingräber besichtigen. Informationstafeln vermitteln Wissenswertes.

Die **Südgruppe** erreichen Sie, indem Sie die folgende Straße rechts Richtung Barendorf nehmen und geradeaus fahren, bis Sie die B105 mit einem großen Parkpatz erreichen. Hier parken Sie und bestaunen auf einer kleinen Wanderung steinzeitliche Hünenbetten und den großen Teufelsbackofen (südlich der B 105).

Willkommen im OUTPOST ONE!

Wollten Sie nicht auch schon einmal in eine weit entfernte Galaxie reisen? Kein Problem: Im **OUTPOST ONE**, diesem intergalaktischen Museum in Dassow kann Ihr Traum wirklichkeit werden, zumindest dann, wenn Sie das Herzstück, die LIFESIZE-Ausstellung besuchen, die auf 1.300 qm wie ein riesiges, begehbares Filmset angelegt ist. Hier sind 30 Szenen in chronologischer Reihenfolge nachgebildet, in denen Fan-Artwork und Sammlerstücke aus der ganzen Welt zusammengetragen und präsentieren werden. Hochgradig realistische Silikonbüsten, detaillierte Kostüme, Blaster, Helme, Kreaturen, lebensgroße Fahrzeuge und vieles mehr entführen Sie in eine intergalaktische Welt.

Ein Audio-Guide begleitet Euch auf Eurer Reise mit spannenden Hintergrundinfos zu dem jeweiligen Set und den einzelnen Exponaten.

OUTPOST ONE
Travemünder Weg 20, 23942 Dassow
Tel.: 0152 - 02 650 481
www.outpost-one.de

Freizeitsport & Fitness

für Einheimische und Urlauber

Freizeitsport und Fitness …

viele Angebote locken!

Wer in Boltenhagen Urlaub macht, findet für jede Altersklasse eine sportliche Betätigung, von ganz locker joggen bis Mannschaftssport

Auch im Urlaub sollte man fit bleiben, und dazu gibt es vielfältige Möglichkeiten. Neben dem Jogginglauf am Ufer der Ostsee, Yoga-Stunden am Strand mit Susann Schramm[1] oder Yoga und die Liebscher-Bracht-Methode mit Frau Welsch[1] gibt es vielfältige sportliche Aktivitäten zu zweit oder in der Mannschaft.

[1] *An der Seebrücke, bei schlechtem Wetter auf der Bühne im Kurpark*

Die neue Sport- und Freizeitanlage am Ortseingang Boltenhagen (aus Ri. Klütz) kann von allen Sportbegeisterten besucht werden. Die Anlage besitzt neben einem Fußballplatz auch drei Tennisplätze, einen Beachtennisplatz und einen Beachvolleyballplatz. Regelmäßi finden hier Fußball, Tennis, Volleyball, Kindersport, Aerobic, Basketball und Seniorensport statt. Alles nötige Equipment kann über den Platzwart Thomas Lange ausgeliehen werden. Außer Sportschuhe, die sollte man schon mitbringen

Freizeitsportanlage Boltenhagen
Thomas Lange, Zum Sportplatz 1
23946 Ostseebad Boltenhagen
Tel.: 0151 - 420 49 743

Strandsport-Veranstaltungen

Jedes Jahr locken Mannschaftssportveranstaltungen am Strand an der Seebrücke viele begeisterte Zuschauer an.

Zu den Highligts gehören das **Volleyball-Beach-Cup 2022**, das **Beach-Tennis-Cu sowie Aktiv am Strand-Aktionen der Krankenkassen.**

Mut zum Klettern

Der Kletterpark in Boltenhagen hält 5 Parcours mit über 80 Elementen für Kletterfreunde jeden Alters bereit. Von 1m über dem Boden bis 11 m Höhe bietet sich jedem die richtige Herausforderung.

Kletterpark Boltenhagen
Ostseeallee 101, 23946 Ostseebad Boltenhagen
Tel.: 0172 - 607 40 54

Spaß und Adrenalin pur garantieren eine 80m lange rasante Seilbahnabfahrt sowie ein freier Fall aus 11 m Höhe. Zu finden ist der Kletterpark an der Strandpromenade, Familienferiendorf (Ostseeallee 101.) Die aktuellen Einlasszeiten finden Sie unter www.kletterpark-boltenhagen.de

Sportliches für Wasserratten

Von Bootsvermietung über Tauchen, Surfen, Kiten und Segeln kann man in und um Boltenhagen seiner Leidenschaft nachgehen.
Bei der Ostsee Boot Boltenhagen (Strandaufgang 3) ist auch ohne Bootsführerschein ein Boot zu mieten (Typ 365 Sommerfun 6 - 15 PS) für maximal 4 Personen.

Ostsee Boot Boltenhagen
Strandaufgang 3
23936 Ostseebad Boltenhagen
Tel.: 0152 - 230 152 92

Um die Unterwasserwelt zu erkunden, muss man allerdings zur Tauchschule Nord am Strand der Weißen Wiek gehen. Neben der Tauchschule werden hier professionelle Tauchbegleitung, eine Schulung zum Tauchlehrer-Assistenten sowie Spezialkurse angeboten.

Tauchschule Nord
Am Waldrand,
23946 Ostseebad Boltenhagen
Tel.: 0171 - 486 81 48

Einmal selbst Surfen, wer möchte das nicht. Das flache Wasser der Wohlenberger Wiek ist ein perfektes Areal, um Windsurfen, Kitesurfen oder Standup-Paddling zu erlernen. Am Ende des Strandes der Wohlenberger Wiek (Kurve der Straße in Richtung Wismar/Campingplatz Liebeslaube) finden Sie die Kiteschule Surf-Knopf. Vereinbaren Sie gern einen Termin mit Robert Knopf. Bei allen Kursen sind Neoprenazug und Schuhe inklusive.

Wassersport Wohlenberger Wiek
Wohlenberger Wiek 1
23968 Gramkow
Tel.: 0170 - 444-63-54

Yoga am Strand

Was für ein Start in den Tag – Yoga am Strand von Boltenhagen.

Es ist eine ganz neue Erfahrung, egal, ob Sie es Zuhause praktizieren oder völliger Neueinsteiger sind. In der morgendlichen salzigen Meeresbriese im weißen Sand seinen Körper zu dehnen und die Atemübungen zu genießen, ist berauschend und öffnet die Tür zu einem herrlichen Urlaubstag.

Die seit 2007 zertifizierte Yogalehrerin Susann Schramm unterrichtet, je nach körperlicher Verfassung, sanftes bis forderndes Hatha Yoga.

Susann Schramm
Im Thurow 18, 23948 Klütz
susann@einfachnuryoga.de
Tel.: 0176 - 23 551 236

Die Liebscher-Bracht-Methode

Das Team vom Sonnemond-Laden in Boltenhagen freut sich riesig im Sommer besondere Highlights im Laden und am Strand anzubieten.

Cora Welsch ist erfahrene Yogalehrerin BDY/EYU seit 1994 und ausgebildete Schmerzspezialistin in der Liebscher & Bracht Methode seit 2018. Das Thema Yoga und Schmerz ist der Schwerpunkt ihrer Arbeit und sie verbindet beide Methoden miteinander.

Jeden Montag und Donnerstag 10 Uhr Treffpunkt an der Seebrücke. Bitte kommen Sie in bequemer Kleidung, eine Matte ist nicht erforderlich, ein Handtuch ist hilfreich.

Cora Piyusha Welsch
Ostseeallee 9a, Boltenhagen
info@welsch-Yoga.de
Tel.: 038825-37252

Der Boltenhagener Aktivpark

Entdecken Sie den Boltenhagener Aktivpark. Der Bewegungsparcours ist nicht nur wunderschön an der Waldpromenade gelegen, sondern überzeugt darüber hinaus durch 14 ergometrisch optimal gestaltbare und abwechslungsreiche Trainingsmöglichkeiten.

Erleben Sie generationsübergreifende Fitness im Freien und genießen Sie unseren traditionellen Rundkurs. Steigern Sie Ihre Aktivität und tun Sie auf angenehme und spielerische Weise etwas Gutes für Ihr Wohlbefinden und Ihre Vitalität.

Ein Riesenspaß für Jung und Alt!

- Der Beweglichkeitstrainer unterstützt Koordinationsvermögen, Gelenkigkeit und Balance.
- Zur Lockerung des Rückens, der Hüfte und des Gesäßes trägt der Rückentrainer effizient bei.
- Ausdauer, Kondition und ein gestärkter Kreislauf werden durch den Beintrainer begünstigt.
- Das Rücken-Massage Gerät dient der Entspannung von Rücken, Hüfte und Beine sowie der Kräftigung der Beine.
- Durch die Beanspruchung aller wichtigen Muskelgruppen fördert der Ganzkörpertrainer Beweglichkeit und Körperbalance.

Der Aktivpark – vom Rallenweg zum Rabenweg

Segelschule Poel

Wann sind Sie eigentlich das letzte Mal mit einem Katamaran gesegelt? Noch nie?

Die Segelschule auf Poel bietet einen **Katamaran-Segelausflug** auch ohne Segelkenntnisse an. Im Preis enthalten ist natürlich auch die Sicherheitsausrüstung wie ein wärmender Taucheranzug, Neoprenschuhe sowie eine Schwimmweste. Neben einem Segeltörn kann man hier auch ganz individuell einen **Segelkurs für Sportkatamarane** besuchen, um dann am Ende des Spezialkurses seinen Basic-Schein vom WWS für das Katamaran-Segeln ausgehändigt zu bekommen.

Ganz neu sind die **Speed-Bootstouren** auf der Ostsee **zu den Seehundbänken** in der Mecklenburger Bucht. Sollten einmal keine Seehunde gesichtet werden, wird die Hälfte des Fahrpreises zurückerstattet.

Golfen wie die Profis …

vom Einsteiger bis Profi mit besten Handicap

Golf – inzwischen längst kein Sport für Besserverdiener – macht Spaß und sollte einfach mal ausprobiert werden

In Boltenhagen selbst gibt es mehrere Möglichkeiten, diesem Freizeitsport mit Spaßfaktor nachzugehen.

Da gibt es zum Beispiel die 13 ha große **Swingolf-Anlage in Redewisch** – ein echtes Freizeiterlebnis für die ganze Familie. An der Steilküste von Boltenhagen im Naturgebiet Großklützhöved steht Ihnen zur Einweisung ein erfahrener Swin-Golf-Guide zur Seite, ehe es auf die 18-Loch-Bahn mit über 2600 m Spiellänge geht. Im Café Großklützhöved finden Sie zur Auswertung anschließend die nötige Entspannung.

SwinGolf-Anlage
Ausbau 16, 23946 Redewisch
Tel: 038825 - 97 97 97
www.swingolf-boltenhagen.de

Golfen für Alle – von Spaß bis Sport

Eine besondere Attraktion ist die einzigartige Anlage des **Adventure Golf** an der Mittelpromenade 30-30a, die im Juli 2022 fertiggestellt wird. Hier erwarten Sie außergewöhnliche Themen-Bahnen die vom Spieler ganz viel Geschicklichkeit verlangen.

MISOCAD EVENT GmbH & Co. KG
Mittelpromenade 30-30a
23946 Ostseebad Boltenhagen
Tel.: 038825 - 386 416
www.campdavid-boltenhagen.de

In Klütz, gleich neben dem Schmetterlingspark, finden Sie den **Abenteuergolfpark Klütz**. Auf einer 3000 m^2 großen Anlage sind 18 Kunstrasen-Bahnen, auf denen allerlei Hindernisse bewältigt werden müssen. Hier dürfen Sie auf der Bahn auch laufen – Golf-Feeling pur.

Und dann ist da noch die **Minigolfanlage in der Weißen Wiek.** Für die Profis wird in absehbarer Zeit der **Golfplatz in Hohen Wieschendorf** nach Umbauarbeiten wiedereröffnen.

Abenteuergolfpark Klütz
An der Festwiese 4, 23948 Klütz
Tel.: 01511 - 65 34 395
www.abenteuergolfpark-kluetz.de

Wellness & Entspannung

Das gönne ich meinem Körper

Wellnessanbieter

Seehotel Boltenhagen
kosmetik@seehotel-boltenhagen.de
Tel.: 0151 – 50 80 80 06 (Di - Sa)
Tel.: 0151 – 50 58 08 001 (So-Mo)

DanisBeautyLounge
Massagen, Kosmetik, Maniküre
Tarnewitzer Straße 5 B
Tel.: 0153 - 85 24 364

Die Beautyfee
Fußpflege, Maniküre, Kosmetik
Mittelpromenade 24
Tel.: 03 88 25 - 4 01 57 oder
Tel.: 0157 - 78 06 24 10

„Haus der Sinne“,
Andreas Schön
Wellness, Massagen
Tel.: 0174-79 38 07 6

Lindner Hotel Spa Boltenhagen
Kosmetik, Massagen, Maniküre, Fußpflege, Schwimmbad, Sauna
Baltische Allee 1
Tel.: 03 88 25 - 38 48 87 1

Jens Günther,
Kurhaus Tarnewitz
Massagen,
alternative Behandlungen
Tel.: 0162 - 290 14 26

Physiomeer
Physiotherapie, Fitness, Massagen
Kosmetik, Fußpflege
Kastanienallee 2
Tel.: 03 88 25 - 26 57 35

Physiotherapiepraxis Klaus Hain
Massagen und physiotherapeutische Anwendungen
Ostseeallee 10
Tel.: 03 88 25 - 299 23

Physiotherapiepraxis Moll
Massagen und physiotherapeutische Anwendungen
Ostseeallee 15A
Tel.: 03 88 25 - 37 85 6

Wellness Paradies
(Regenbogen Ferienanlage)
Kosmetik,
Fußpflege, Massagen, Sauna und Solarium, Kneippgang
Ostseeallee 54
Tel.: 03 88 25 - 4 21 01

Lindner Spa of Senses

at Lindner Hotel Boltenhagen

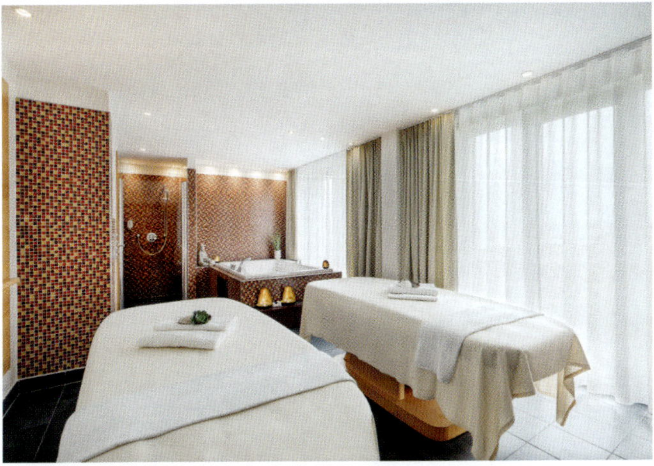

Nehmen Sie Kurs auf Ihr Wohlgefühl! Im Lindner Hotel Boltenhagen finden Sie die perfekte Kombination aus Wellness, Entspannung und Aktivität.

Lassen Sie sich von Kopf bis Fuß verwöhnen oder werden Sie in der traumhaften Kulisse des Ostseebads Boltenhagen selbst aktiv. Gemeinsam mit dem professionellen Lindner SPA-Team finden Sie heraus, was Ihnen guttut.

Von Gesichtsbehandlungen über Massagen bis hin zu speziellen Ritualen für Paare bietet unser Spa eine Vielzahl von Verwöhn Erlebnissen.

Lindner Hotel Spa Empfang
10:00 Uhr - 19:00 Uhr

Massagen & Schönheitsbehandlungen
täglich 10:00 Uhr - 19:00 Uhr

Lindner Hotel Sauna
11:00 Uhr - 21:00 Uhr

Lindner Hotel Schwimmbad
07:00 Uhr - 21:00 Uhr

Fitnessraum
08:00 Uhr - 21:00 Uhr

LINDNER HOTEL SPA
Baltische Allee 1
23946 Ostseebad Boltenhagen
Tel.: 038825 384 0

TAO-Gesundheitszentrum Stellshagen

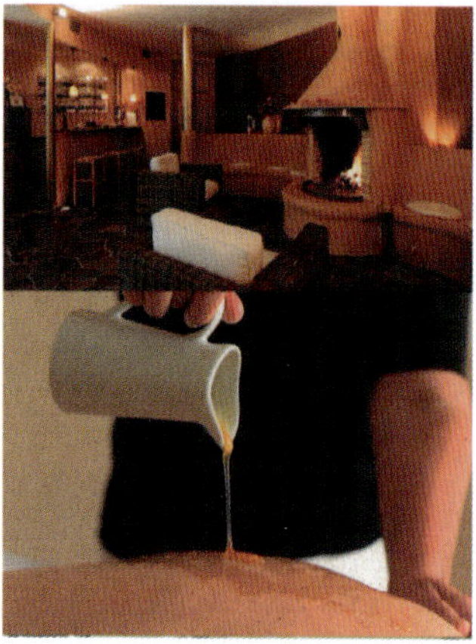

Zum Gutshaus Stellshagen dazugehörig, befindet sich im gleichnamigen Dorf das TAO-Gesundheitszentrum.
Hier bieten Heilpraktiker und ausgebildete Körpertherapeuten ein breites Spektrum naturheilkundlicher Behandlungen an. Gäste werden mit diversen Massagetechniken und Anwendungen u.a. aus den Bereichen Ayurveda und Traditioneller Chinesischer Medizin verwöhnt. Schon die liebevolle Atmosphäre im Eingangsbereich des Gesundheitszentrums sorgt beim Ankommen für Entschleunigung. Aus verschiedensten Massagetechniken kann gewählt werden. Nach einer Behandlung können Gäste das angrenzende Saunahaus mit nutzen, im Ruheraum die Wohltat einer Massage nachspüren lassen oder im Naturbadeteich ein paar Bahnen schwimmen. Das Angebot steht nicht nur den Hotelgästen des Gutshauses zur Verfügung. Auch Tagesgäste sind bei freien Kapazitäten und nach telefonischer Anmeldung herzlich willkommen.

HOTEL GUTSHAUS STELLSHAGEN
BIO- UND GESUNDHEITSHOTEL

tao
Gesundheitszentrum
für Naturheilkunde

TAO-Gesundheitszentrum im Gutshaus Stellshagen
Lindenstraße 1, 23948 Stellshagen
Tel.: 038825 - 44 200

Terrainkurwege & Wanderungen

... für viel gesunde Bewegung

Das Ostseebad Boltenhagen verfügt über vier ausgewiesene Terrainkurwege. Auf diesen Wegen ist gesundheitsförderndes, heilklimatisches Gehen und Wandern möglich. Dabei wirken sich Klima und natürliche Umgebung des Kurortes besonders positiv auf Herz- und Kreislaufsystem sowie Atemwege aus.

Die Nutzung der Kurwege für Nordic-Walking Freunde, Jogger oder Radfahrer ist geradezu ideal für das Training des Bewegungsapparates.

Die Karte mit den Wegen gibt's in der Kurverwaltung.

Service
Ihr Urlaub ist unser Auftrag …

Arzt

Allgemeinmediziner,
Kurarzt **Dipl. med. Thorsten Markwardt**
Ostseeallee 24, Tel.: 03 88 25 - 90 26
Frau Dr. Kerstin Schmiedeberg
Ostseeallee 12, Tel.: 03 88 25 - 23 2 80

Dialyse, **Internist Dr. med. H. Mentzel**
und Dr. med. A. Ohltmann
23936 Grevesmühlen, Klützer Straße 6,
Tel.: 03 88 1 - 71 94 10

Gynäkologe MVZ Wismar GmbH
Frau Christiane Stodt-Kirchholtes
Waldweg 2, Tel.: 03 88 25 - 37 82 05

Zahnarzt Dr. Bernd Czieschnek
Ostseeallee 22, Tel.: 03 88 25 - 2 98 15
Dr. Thomas Höhle
Ostseeallee 10, Tel.: 03 88 25 - 2 92 60

---------Ärztlicher Notruf: 116 – 117---------

Apotheke

Sonnen-Apotheke,
Ostseeallee 11 e, Tel.: 03 88 25 - 90 19

Auskunft

Bahn, www.bahn.de,
Tel.: 030-2970
Bahnhof Grevesmühlen
Grevesmühlen, Video Reisecenter, Fahrkartenautomat
Bus „Nah Bus“,
www.nahbus.de, Tel.: 0800 - 6346287

Banken

Sparkasse Mecklenburg-Nordwest
Ostseeallee 10, Tel.: 03841-2400
Volks- und Raiffeisenbank e. G.
Geldautomat: Kastanienallee 1

Bibliotheken & Boltenhagen-Shops

Bäderbibliothek
Ostseeallee 4, Tel.: 03 88 25 – 36 0 19
Boltenhagen Shop/Galerie
Am Kurpark 1 Tel.: 03 88 25 – 27 00 02
Biomaris- Shop
Am Kurpark 1 Tel.: 03 88 25 – 2 67 64

Camping/Wohnmobile

Krämer's Wohnmobilhafen
Ostseeallee 58 b, Tel.: 03 88 25 - 2 32 88
Regenbogen Ferienanlage
Ostseeallee 54, Tel.: 03 88 25 - 4 22 22
Wohnmobilpark Banana Jack
Ostseeallee 56, Tel.: 03 88 25 - 2 10 30
Mobil: 0163 - 1 41 81 41
Parkplatz Swingolf- Erlebnishof
Ausbau 16, Redewisch Tel.: 03 88 25- 97 97 97

DLRG Wasserrettung

von Mai – September 8 x am Strand
Hauptwache, Aufgang 11 Tel.: 03 88 25-29 27 5

Fahrradverleih

Fahrrad Spezi
Rosenweg 16,
Verleih, Reparaturservice,
Tel.: 0151 - 18 92 63 04
oder 03 88 25 - 2 41 63

Hotel John Brinckman Verleih,
Reparaturservice Mittelpromenade 24,
Tel.: 0172 - 1 57 08 76

Delphin Fahrradverleih
Dünenweg 24, Tel.: 0151 - 50 17 93 83

Krämer's Wohnmobilhafen,
von Ostern bis Oktober
Ostseeallee 58 b, Tel.: 03 88 25 - 2 32 88

Friseure

Friseur Antalya Barber
Ostseeallee 14, Tel.: 03 88 25 - 37 52 88

Ostseehair Friseur
Ostseeallee 14 a, Tel.: 03 88 25 - 37 36 0

Katrin' s Frisurenstübchen
Dünenweg 3B, Tel.: 03 88 25 - 90 44

Fundbüro

Tourist- Information
Tel.: 03 88 25 -36 010 oder 03 88 25 - 36 021

Amt Klützer Winkel
Tel.: 03 88 25 -39 33 05

Hafen/Marina Boltenhagen

Zum Hafen 3, 23946 Ostseebad Boltenhagen
Tel.: 03 88 25-26 39 0,
E-Mail: hafenmeister@yachtwelt.de

Hunde

Leinenzwang im gesamten Ostseebad
Hundestrände:
1. naturbelassen in Redewisch,
2. zwischen Klützer Bach und Strandaufgang 1
3. im OT Tarnewitz, Aufgang 21+22
Hundeauslauf: Hundewiese am Sportplatz

Tierarzt Tierarztpraxis Dr. med. vet. Torsten Rieckhoff
August-Bebel-Str. 10, Tel.: 03 88 25-23 10 2
Mobil: 01 72 - 310 40 32
Dr. Carsten Schmoldt
Im Kaiser 10, Klütz Tel.: 03 88 25 - 2 23 33
Tierpension Dr. med. vet. Ina Rheker
Dorfstraße 20A, 23948 Goldbeck Tel.: 03 88 25-26 50 90
Mobil: 01 71 - 155 75 23

Internetzugänge

Kurverwaltung,
Ostseeallee 4 W-LAN vorhanden
Kurpark,

Immobilien

Projektentwicklung, Beratung und Vertrieb,
Thomas Neuffer, Haus Hubertus, Strandpromenade 34
23946 Ostseebad Boltenhagen
Tel.: 0151-55169950
E-Mail: tn@neuffer-immobilien.de

Krankenhäuser

DRK-Krankenhaus Grevesmühlen
Klützer Straße 13-15, 23936 Grevesmühlen,
Tel.: 03 88 1 - 72 60

Sana Hanse-Klinikum
Störtebekerstraße 6, 23966 Wismar,
Tel.: 03 84 1 - 33 0

Kosmetik/Wellness

Seehotel Boltenhagen
kosmetik@seehotel-boltenhagen.de
(Di – Sa) Tel.: 01 51 – 50 80 80 06
(So – Mo) Tel.: 01 51 – 50 58 98 001

DanisBeautyLounge
Massagen, Kosmetik, Maniküre,
Tarnewitzer Straße 5B, Tel.: 0173-85 24 364

Die Beautyfee
Fußpflege, Maniküre, Kosmetik,
Mittelpromenade 24, Tel.: 03 88 25 - 4 01 57
oder 0157 - 78 06 24 10

„Haus der Sinne" , Andreas Schön,
Wellness, Massagen Tel.: 0174-79 38 076

Lindner Hotel Spa Boltenhagen
Kosmetik, Massagen, Maniküre,
Fußpflege, Schwimmbad u. Sauna.
Baltische Allee 1, Tel.: 03 88 25 - 38 48 87 1

Jens Günther, Kurhaus Tarnewitz
Massagen und alternative Behandlungen
Tel.: 01 62-290 14 26

Physiomeer,
Physiotherapie, Fitness, Massagen,
Kosmetik, Fußpflege
Kastanienallee 2, Tel.: 03 88 25 - 26 57 35

Physiotherapiepraxis Klaus Hain
Massagen und physiotherapeutische Anwendungen
Ostseeallee 10, Tel.: 03 88 25 - 299 23

Physiotherapiepraxis Moll
Massagen und physiotherapeutische Anwendungen
Tel.: Ostseeallee 15A, Tel.: 03 88 25 - 378 56

Wellness „Paradies" in der Regenbogen Ferienanlage,
Kosmetik, kosmetische Fußpflege, Massagen;
Saunabereich, Solarium und eigener Kneippgang
Ostseeallee 54, Tel.: 03 88 25 - 4 21 01

Kurbeitrag/Tag

	(ab 16 Jahre)	(Schwerbeschädigte 50-80%)
01.05.-30.09.	**2,80 €**	**1,40 €**
01.10.-30.04.	**1,90 €**	**0,95 €**

Über 80 % Schwerbehinderung sowie 1 Begleitperson Kurbeitragsfrei

Polizei

Boltenhagen,
Kastanienallee 2 a, Tel. : 03 88 25 - 24 42 4 23936

Grevesmühlen,
Langer Steinschlag 10 Tel.: 03 88 1 - 72 00

Post

Im MARKANT-Markt in Boltenhagen,
Kastanienallee 2 – 6, Tel.: 03 88 25 -30 20

Restaurants

Siehe Restaurantführer Seite 74ff

Reiten

Reiterhof Boltenhagen

Ponyreiten, Reitunterricht, Voltigieren, Sitzlonge, Reiterfitness, Pferdepension, Ferienwohnung
Victoria und Karsten Süß, Ostseeallee 40c,
23946 Ostseebad Boltenhagen,
www.reiterhof-boltenhagen.de, Tel: 01 70 - 34 73 621

Pferdehof Frank Rudolph

Reiterferien, Reitunterricht, Kremser- und Kutschfahrten, Pferdepension und -zucht,
PSV „Blau-Weiss" Oberhof e. V. 23948 Oberhof,
Am Gutshof 5, Tel.: 01 72 - 3 80 35 45

Rundfahrten

OstseeBus Boltenhagen, Olaf Claus

Tagesfahrten, Rundfahrten, Tagesausflüge, Mietbus Tel.: 01 72-463 86 41

Segeln

Surf-Knopf

Wassersport an der Wohlenberger Wiek u. Weißer Wiek
Windsurfen, Kitesurfen, Segeln
Wohlenberger Wiek 1, 23968 Gramkow,
Tel.: 01 70 - 444 63 54

Mare Event

Segeln, Windsurfen, Kitesurfen
Tel.: 03 84 1 - 70 28 90 oder 0179 - 5 92 38 10

Yacht Welt Akademie

Wassersport, Jürgen Schulz,
Weiße Wiek, Zum Hafen 4
Tel.: 03 88 25 - 26 39 18, Mobil: 01 60 - 7 65 65 00

Taxi

Taxi Kastanienallee 2a, Tel.: 03 88 25 - 222 64

Urlaub mit Handicap

Pflegedienst

DRK-Sozialstation Boltenhagen

Klützer Str. 5 b, Tel.: 03 88 25 - 2 21 17

Rollstuhl- und Hilfsmittelverleih

Hempel Gesundheitscenter, Rostock, Tel.: 03 81 - 12 18 99 8

Sanitätshaus Hofman Grevesmühlen/ Schwerin

Tel.: 0 38 81 - 756 55 09 oder 03 85 - 592 38 11

Ansprechpartner vor Ort: Frau Tipke,

Tel.: 01 76 - 15 92 38 57

Vitalos Reha, Herr Gulow, Kessin

Tel.: 01 52 - 09 99 17 37

Lieferung zur Urlaubsunterkunft oder zur Kurverwaltung möglich

Baderollstuhl **DLRG** Aufgänge 6/11/20

Öffentliche Behindertentoiletten

WC am Parkolatz Weidenstieg, WC an der Seebrücke, WC im Kurhaus, Strandaufgang 13 und 20, an der Weißen Wiek

Strandzugänge (behindertengerecht)

befestigter Strandabschnitt mit Strandkörben am **Strandaufgang 3**

(Rotraud Rieckhoff, Tel.: 01 73 - 23 46 91 9)

Strandaufgang 13

(Katja Eggert, Tel.: 01 70 - 83 47 41 3)

Strandaufgang 20

Cornelia Dunkelmann Tel.: 01 60 - 54 70 65 1

Mit DLRG Turm und Behinderten WC

Strandaufgang 21

Karl Kohler Tel.: 01 52 - 37 63 83 03

Rollstuhlgerecht erreichbare und befahrbare Seebrücke und Dünenpromenade. An den Übergängen 3, 7, 9, 12, 13, 17, 18 und 20 wird der Zugang zur Dünenpromenade zusätzlich über barrierefreie Rampen ermöglicht

Wochenmärkte

Boltenhagen:	**Regionalmarkt** jeden zweiten Dienstag von Mai bis September
Grevesmühlen:	Mittwoch und Freitag
Klütz:	Donnerstag
Wismar:	Dienstag, Donnerstag, Samstag

Die Recherche zu diesem Touristenführer erfolgte größtenteils über die Internetseiten, die Zuarbeit der jeweiligen Anbieter sowie der Kurverwaltung. Hiermit wird jedoch keine Gewähr übernommen über Vollständigkeit und korrekte Widergabe, da sich angegebene Termine nach Drucklegung auch ändern können..

Sollten Sie Hinweise oder Änderungswünsche zum BoltenhagenVerführer haben, so setzen Sie sich gern mit uns in Verbindung. Sobald der BoltenhagenVerführer auf dem Markt ist, wird an der neuen Ausgabe des Folgejahres gearbeitet. Wünschen Sie eine Aufnahme Ihres Unternehmens oder Ihrer Dienstleistung, dann sprechen Sie uns gern an.

Ulf-Peter S[illegible]rz/Bettina Löper
NWM-Verlag, Am Lustgarten 1, 23936 Grevesmühlen
Tel.: 03881-2339, E-Mail: info@nwm-verlag.de
www.nwm-verlag.de